磁悬浮控制技术

杨 杰 胡海林 高 涛◎著

人民交通出版社

北 京

内 容 提 要

悬浮控制是磁悬浮列车最重要的技术部分,关系到列车的安全性、舒适性和节能性等。本书主要内容分为七部分:介绍磁悬浮技术概况和国内外研究现状;梳理和推导磁悬浮系统的数学模型;针对磁悬浮控制问题介绍最为常见和成熟的控制算法、参数寻优和仿真分析技术;介绍滑模控制的基本原理、改进结构、仿真计算和实验分析;分析自抗扰技术的基本原理、改进算法、仿真计算和实验验证;介绍永磁电磁混合悬浮实验平台和全尺寸电磁悬浮实验平台;对磁悬浮技术的未来发展进行展望。

本书可供从事磁悬浮列车研究的技术人员参考。

图书在版编目(CIP)数据

磁悬浮控制技术 / 杨杰等著.北京：人民交通出版社股份有限公司, 2025.9.

ISBN 978-7-114-19971-4

Ⅰ.U264

中国国家版本馆 CIP 数据核字第 2024HM0583 号

Cixuanfu Kongzhi Jishu

书　　名：	磁悬浮控制技术	
著 作 者：	杨 杰　胡海林　高 涛	
责任编辑：	司昌静	
责任校对：	龙 雪	
责任印制：	刘高彤	
出版发行：	人民交通出版社	
地　　址：	(100011)北京市朝阳区安定门外外馆斜街 3 号	
网　　址：	http://www.ccpcl.com.cn	
销售电话：	(010)85285911	
总 经 销：	人民交通出版社发行部	
经　　销：	各地新华书店	
印　　刷：	北京建宏印刷有限公司	
开　　本：	710×1000　1/16	
印　　张：	10	
字　　数：	130 千	
版　　次：	2025 年 9 月　第 1 版	
印　　次：	2025 年 9 月　第 1 次印刷	
书　　号：	ISBN 978-7-114-19971-4	
定　　价：	80.00 元	

(有印刷、装订质量问题的图书,由本社负责调换)

前　言

　　交通,纵横而交错,往来而通达,承载着人类历史的繁衍轨迹。交通工具的重大革新总会带来人类文明的发展与进步,也总会带来世界格局的调整。14世纪,欧洲造船技术取得了很大进步,结合从中国传入的罗盘针,促成了地理大发现和大航海时代的到来。18世纪,蒸汽机的发明带动了工业化的发展,也造就了世界上第一台蒸汽机车的诞生,因为蒸汽动力的产生是靠煤炭燃烧驱动,所以俗称"火车"。1879年,德国西门子电气公司在蒸汽机车的基础上研制了第一台电力机车。轨道交通发展和工业革命一同促进了欧洲的进一步崛起,殖民地遍布全球,直至第二次世界大战结束。

　　轨道交通在华夏大地起步较晚,甲午战争失败之后才开始励精图治。新中国成立后,凭借着中华民族的勤奋和智慧,在经历了"引进、消化、吸收、再创新"的历史阶段之后,我国实现了高速铁路的全面反超。目前,350km/h左右的运营速度已经接近轮轨系统的性能极限,进一步提速的可行性和经济性不高。按照"生产一代、研发一代、储备一代"的战略方针,下一代交通运输工具需要更加绿色、安全和智能。

磁悬浮列车通过对电磁力的实时调节实现列车与轨道的无接触运行,具有无摩擦、低噪声和速度更快的优势,性能方面也表现出了更强的爬坡能力、更小的转弯半径和更好的灵活性。磁悬浮列车按照悬浮原理的不同可以分为电磁悬浮、电动悬浮、钉扎悬浮和永磁悬浮等几类,也可以根据悬浮磁路的材质不同分为常导磁浮、超导磁浮、永磁磁浮和混合磁浮,还可以按照速度等级分为高速磁浮和中低速磁浮。目前,技术成熟度和商业化程度最高的是中低速常导磁浮,除了日本和韩国的商业运营线外,在我国长沙、北京和凤凰等地也相继开通了中低速常导磁浮线路。

　　悬浮控制是磁悬浮列车最重要的部分,关系到列车的安全性、舒适性和节能性等。一辆磁悬浮列车通常由多个悬浮架组成,相互之间通过铰链等机构进行机械解耦;单个悬浮架的多个悬浮点之间也通过机械结构和电气措施进行解耦;所以磁悬浮列车的悬浮控制问题可以简化为单点悬浮控制问题。由于磁悬浮系统具有典型的非线性、大时滞和强耦合特征,其控制难度也是常见控制对象中最高的。因此,悬浮控制研究不仅对于磁悬浮列车的发展具有现实意义,对其他复杂对象的高质量控制也具有很好的参考价值,对智能控制领域的学术进步和高层次人才培养也具有重要意义。

本书主要分七章：第1章简要介绍磁悬浮技术概况和国内外研究现状；第2章系统梳理和推导磁悬浮系统的数学模型；第3章主要针对磁悬浮控制问题简要介绍最为常见和成熟的控制算法、参数寻优和仿真分析技术；第4章主要介绍滑模控制的基本原理、改进结构、仿真计算和实验分析；第5章重点分析自抗扰技术的基本原理、改进算法、仿真计算和实验验证；第6章简要介绍永磁电磁混合悬浮实验平台和全尺寸电磁悬浮实验平台；第7章对磁悬浮技术的未来发展进行展望。

本书的研究与出版工作得到了周发助、秦耀、杨星、张悦、苏芷玄、汪永壮、曹泽华、于锦涛、李至勇、郭辉、杨帅、张钊等个人和上海电机学院的支持与帮助，在此表示衷心感谢。同时，感谢国家自然科学基金(批准号 62063009)、国家重点研发计划(批准号 2023YFB4302101)和江西省重大科技研发专项(批准号 S2023ZDYFE0028)对本研究工作的资助。

限于作者水平有限，书中疏漏与不足之处敬请广大读者批评指正。

杨 杰

2025 年 8 月

目　录

第1章　绪论 ·· 1

　1.1　磁悬浮技术概况 ·· 1

　1.2　磁悬浮技术的国内外发展现状 ···························· 5

　1.3　磁浮轨道交通技术存在的问题与挑战 ················· 11

第2章　磁悬浮系统数学模型 ································· 13

　2.1　磁悬浮系统数学模型及分析 ····························· 13

　2.2　单点混合悬浮系统数学模型及分析 ··················· 19

　2.3　F轨悬浮系统数学模型及分析 ·························· 28

第3章　典型悬浮控制算法及仿真分析 ·············· 34

　3.1　磁悬浮控制系统概述 ······································· 34

　3.2　单点磁悬浮控制系统结构 ································· 35

　3.3　磁悬浮系统控制算法概述 ································· 37

　3.4　磁悬浮控制策略的参数寻优问题 ······················ 48

　3.5　磁悬浮系统仿真分析实验环境搭建 ··················· 53

第4章　滑模控制算法研究 ································· 66

　4.1　滑模控制算法设计及理论分析 ·························· 66

　4.2　滑模控制器仿真实验 ······································· 83

4.3　滑模控制算法实验分析 ………………………… 91

第5章　自抗扰控制算法研究 ………………………… 97

5.1　改进型自抗扰控制算法设计及理论分析 ………… 98

5.2　改进型自抗扰控制算法仿真实验 ……………… 103

5.3　改进型自抗扰控制算法实验分析 ……………… 111

第6章　磁悬浮系统实验平台研究 ……………… 118

6.1　永磁电磁混合悬浮系统实验分析 ……………… 118

6.2　全尺寸电磁悬浮系统实验分析 ………………… 137

第7章　磁浮轨道交通技术的未来展望 ………… 145

7.1　常导磁浮技术的未来展望 ……………………… 145

7.2　超导磁浮技术的未来展望 ……………………… 146

7.3　永磁悬浮技术的未来展望 ……………………… 146

参考文献 ………………………………………… 148

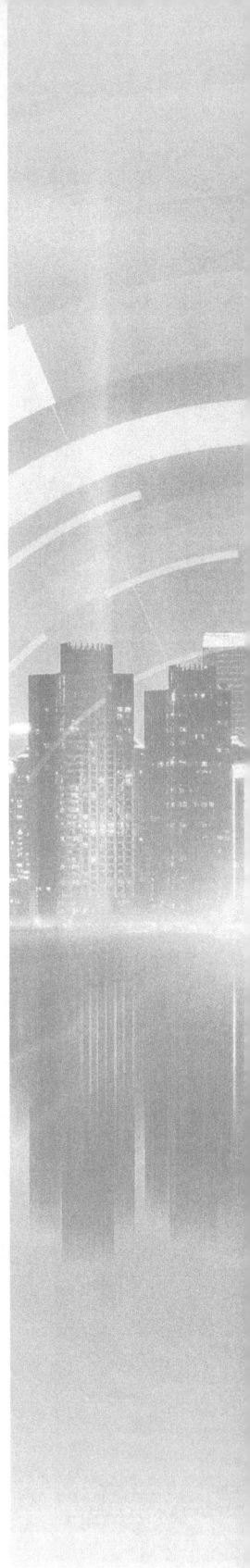

第1章 绪论

　　磁悬浮列车(简称磁浮列车)是一种依靠电磁力实时控制,实现列车与轨道无接触运行的智能化轨道交通工具。它利用直线电机进行非接触牵引,由于车轨间无摩擦,具有非接触、低维护和低噪声等优势。此外,磁浮列车能突破轮轨黏着极限,有望填补高铁与航空之间运行速度的空白,成为下一代重要的地面运载工具,并已成为"交通强国"目标的关键组成部分。悬浮控制作为磁浮列车核心技术之一,其研究对于提高系统的安全性、稳定性和鲁棒性具有重要意义和实际应用价值。

1.1 磁悬浮技术概况

1.1.1 磁悬浮技术的研究背景

　　轨道交通是现代化城市建设的重要组成部分,具有占地少、运量大、效率高、污染少等优势。根据《中华人民共和国第十四个五年规划和2035年远景目标纲要》,"加快发展方式绿色转型,建设现代化基础设施体系"是关键任务之一。《"十四五"现代综合交通运输体系发展规划》强调:完善碳排放控制政策,实施交通运输绿色低碳转型行动;优化综合立体交通网络,强化一体融合衔接,加快解决制约人民美好出行、货物高效流通的瓶颈,强化综合交通网络有机衔接。"十四五"以来,国家相关部门相继发布了《"十四五"城市轨道交通规划建设方案》等文件,为以磁悬浮为代表的中小运量新型轨道交通提供了重大发展机遇。这类新制式轨道交通在骨干交通末端接入和旅游交通等应用场景中具有巨大的市场规模和发展潜力,可为社会民生和可持续发展带来显著的经济与社会效益。我国自主研发的高速磁悬浮试验样车如图1-1所示。

图1-1 我国自主研发的高速磁悬浮试验样车

同时,磁悬浮技术不仅在轨道交通领域具有应用,还可广泛应用于轴承[1]、航天发射[2]、空调离心机组[3]、电梯[4]、人造心脏[5]和储能[6]等领域。这些应用与磁悬浮列车的发展形成了交叉融合与优势互补。然而,磁悬浮系统是一个具有典型的非线性、大扰动、强耦合特征的系统,其悬浮控制技术是所有运动控制技术中被控对象最为复杂的系统之一,因此,悬浮控制技术的进步对其他领域的控制技术发展具有很好的参考价值。

从交通工具的运行速度与社会经济的发展需求来看,轨道交通系统的运行速度总是随着工业化进程的推进和交通运输需求的提高而不断提升。第一次工业革命以19世纪上半叶蒸汽机的使用为标志,铁路运输系统以其强大的运输能力和"风驰电掣"的速度(约80km/h)极大地促进了社会的发展。第二次工业革命发生在 20 世纪上半叶,伴随着电力和石油的应用,轨道交通的速度提升到了接近 200km/h。第三次工业革命开始后,科学技术不断发展,使得轮轨高铁的速度超过了 300km/h。随着电力电子、驱动控制和无线通信技术的不断突破,磁悬浮列车的运营速度超过了 400km/h,同时,无人驾驶、自动联锁、安全防护等技术也取得了显著进步和发展[7]。

磁悬浮技术展现出与新工业革命对速度提升需求相契合的潜力,旨在填补轨道交通速度(当前最高速度 350km/h)与航空巡航速度(800km/h)之间的速度区间。随着电子信息、传感融合、无线通信技术,北斗导航系统及新型材料科技的飞速发展,为高速磁浮列车的研发创造了前所未有的有利条件。相较于传统轮轨列车,磁浮列车展现出多方面显著优势[8-10]:

(1)列车与轨道无接触,大幅减少摩擦损耗,突破黏着限制,这不仅意味着更低的环境影响和碳排放量,还减少了维护成本;

(2)省去了车轮及相关机械传动部件如齿轮、联轴器、车轴、轴承等,使得车身更轻,有效提升了载重效率;

(3)列车重力均匀分布在轨道上,降低了对轨道结构和桥梁承载力的需求;

(4)拥有更小的转弯半径和更强的爬坡能力,适应复杂地形的能力更强。

磁浮列车的核心技术领域涵盖悬浮、导向、驱动及制动控制等关键技术环节[11]。其中,悬浮控制是确保磁浮列车平稳运行的基石;若无法实现稳定悬浮,磁浮列车的所有优势便无从谈起。鉴于磁浮系统内在的非线性特征和外界干扰带来的不确定性,悬浮控制技术面临巨大挑战,其性能直接关乎列车的稳定性、安全性及乘坐舒适度。因此,对磁浮控制技术的探索已成为国内外学术界和工业界高度关注的热点领域。

1.1.2　磁悬浮控制技术的研究意义

在全球已投入商业运营的磁浮线路中,中低速常导电磁悬浮技术因其技术成熟度和广泛应用而占据主导地位。中低速磁浮列车通常由若干相对独立又相互连接的悬浮架构成,通过机械连接与电子控制可实现悬浮架间的解耦。每个悬浮架两侧通过防滚梁结构进一步实现机械解耦,将四点悬浮布局解耦为左右两个独立单元,旨在减少悬浮架内部各悬浮点间的相互影响。然而,这种解耦方式并非完全解耦,存在局限性。实际运行中,复杂路况(例如轨道不平顺、存在轨道梁接口等)会导致悬浮架受力形变,从而加剧悬浮点间的耦合效应。因此,同一悬浮臂上的相邻悬浮点间仍存在一定的耦合作用[12]。

基于分散控制理论,如果将两个悬浮点间的耦合力视为各自受到的外部干扰来处理,那么列车悬浮系统可以被视为多个单点悬浮系统的并联组合[13]。基于此,解决单个悬浮点的控制问题成为达成理想悬浮性能的关键所在。

由于磁悬浮系统固有的非线性、不确定性以及开环不稳定特性,加之传统控制在磁浮控制系统存在的局限性,采用合适的控制算法以确保系统稳定运行成为必要。传统的磁浮控制策略通常依赖于 PID 或分段 PID 控制来实现电磁铁在平衡点附近的动态平衡[14]。尽管这种方法能够实现系统的稳定悬浮,但由于现有电磁悬浮系统运行工况复杂且干扰众多,包括内部干扰(如悬浮质量变化、传感器温漂、电磁铁电感参数变化等)和外部干扰(如直线电机干扰、悬浮轨道波动及车身负载变化等),传统PID 控制往往难以应对,有时甚至会出现掉点问题,需要频繁调整三个参数以适应不同工况。

考虑到悬浮间隙范围一般为 8～10mm,对控制稳定性和系统抗干扰能力的要求极高。面对日益增长的乘坐舒适性需求和磁浮列车运行速度的提升所带来的新挑战,传统的悬浮控制方法存在车轨共振和掉点等技术瓶颈难以突破,亟须探索更为先进和适应性更强的控制策略。

1.2　磁悬浮技术的国内外发展现状

1.2.1　磁悬浮技术国外研究现状

1. 电磁悬浮技术国外研究现状

电磁悬浮技术(Maglev)作为一项利用电磁力实现物体悬浮的先进技术,近年来在交通运输、工业设备等多个领域获得了广泛关注。其发展历程横跨近一个世纪,全球各国在这一领域的研究进展持续推动着技术的成熟与广泛应用。

德国作为电磁悬浮技术的发源地之一,其历史可追溯至 1922 年,当时肯珀(Kemper)首次系统性地提出了电磁悬浮原理,并在 1934 年获得了全球首项相关专利,这一创新为后续发展奠定了基础。1969 年,德国开始规划磁悬浮轨道交通的工程化应用,标志着该技术向实际应用迈出重要一步。1971 年,梅塞施米特-伯尔科-布洛姆(Messerchmitt Bölkow Blohm,MBB)公司成功开发了第一辆基于磁悬浮原理的车辆及其试验线,推出了载人磁悬浮列车 TR02。这一系列进展为后来 TR 系列高速磁悬浮列车的研发铺平了道路。1975 年,德国进一步展示了彗星型(Komet 型)空载运行磁悬浮列车,并演示了基于长定子线性电机原理的载人磁悬浮列车,展现了技术的不断进步。1984 年,磁浮列车项目(Transrapid)的实施开启了高速磁悬浮列车商业化的先河。特别是 1991 年,在汉堡进行的 TR 06 速度 450km/h 的试验,充分证明了其卓越的技术性能和巨大潜力[15]。随后,2000 年的 TR 09 系列试验更是达到了最高速度 500km/h[16],验证了其在高速下的悬浮稳定性。进入 21 世纪,德国继续在磁悬浮技术领域进行探索,2015 年启动的智慧列车(Smart Maglev)项目旨在将电磁悬浮技术与智能交通系统相结合,以实现更高的运行速度和更低的能耗[17]。到了 2020 年,德国多个城市开始研究城市电磁悬浮列车项目,计划将这项先进技术应用于城市公共交通系统,以期提高整体运输效率。这些项目不仅体现了德国在技术创新上的持续投入,也为全球磁浮技术的发展提供了宝贵的经验和启示。

日本在电磁悬浮列车领域同样拥有深厚的研究基础。自 20 世纪 60 年代初以来,日本便开始了相关技术的探索与研发。1975 年,HSST-01 型磁浮试验车辆在东扇岛试验线上成功达到了 307.8km/h 的试验速度[18],标志着日本在磁浮技术方面的初步突破。随后,日本航空公司相继推出了多个 HSST 系列磁浮列车,包括 HSST-03(1985 年)、HSST-04(1987 年)和 HSST-05(1989 年)[19-21]。这些列车在悬浮稳定性和效率上均有所提升,尽管它们主要基于永磁体的设计,但在悬浮和驱动系统中也结合了电磁技术,进一步提高了列车的稳定性和速度。到了 2020 年,ALFA-X 型列车在试验中更是达到了最高 360km/h 的速度[22],展示了日本在高速列车技术上的领先,也为其在未来交通领域的应用提供了广阔的前景。

美国的研究机构和大学在电磁悬浮技术领域也展开了多项研究。尽管美国目前尚未实现大规模的磁悬浮轨道交通系统,但在 21 世纪初,马萨诸塞州的磁悬浮项目和巴尔的摩的磁悬浮项目都是对磁悬浮技术的积极探索。这些项目旨在研究和开发新的磁悬浮列车模型与技术,包括基于高温超导体的电磁悬浮列车。

其他国家如韩国和俄罗斯也在电磁悬浮技术的应用方面取得了进展。韩国于 2009 年在首尔开通了首条商业运营的磁悬浮线路——首尔磁悬浮列车线路,运行速度可达 110km/h,主要用于连接城市中心和主要交通枢纽。与此同时,俄罗斯的超导磁悬浮(Superconducting Magnetic Levitation,SKM)项目集中在超导磁悬浮技术的开发上,研究者们正探索在城市交通中实现电磁悬浮的可能性,目前处于基础研究阶段[23]。

法国同样在探索电磁悬浮技术,特别是在高铁领域。其开发的真理(Véritable)项目虽然主要关注于提升现有高铁系统的效率,但也展示了未来电磁悬浮技术的应用潜力,计划通过电磁悬浮技术进一步降低运行成本[24]。

这些国际上的探索和实践为全球磁浮技术的发展提供了宝贵的经验和启示。

2.超导悬浮技术国外研究现状

超导悬浮技术(Superconducting Levitation)是一种利用超导材料在特定条件下实现物体悬浮的先进技术,近年来在交通、能源及其他领域引起了广泛关注。超导材料的独特特性使其在强电磁场中能有效排斥磁力线,从而实现悬浮效果。随着研究的深入,超导悬浮技术研究在国际范围内逐渐取得显著进展。

日本在超导悬浮技术的研究方面处于全球领先地位。19世纪60年代,日本铁路公司(JR)启动了超导磁悬浮列车的研究,1987年推出了首款超导磁悬浮列车MLX01,该列车在1997年的试验中成功达到运行速度552km/h,创造了世界纪录。该列车采用超导体和磁铁的组合,实现了极低的能耗和极高的速度[25]。2015年,JR东海公司推出了L0系列车,其设计速度达603km/h,并在多次试验中表现出优越的悬浮稳定性和乘坐舒适性。L0系列车的设计采用了高温超导体,使其能够在更高的温度下工作,降低了运行成本[26]。

德国也是超导悬浮技术的重要研究国。德国的磁悬浮(Transrapid)项目虽然主要集中于电磁悬浮,但在超导悬浮领域同样有重要贡献。2003年,德国开展了针对超导悬浮技术的研究,试验了超导磁悬浮(Superconducting Maglev,SCMAGLEV)技术,旨在实现更高速度和更高效率的交通系统。SCMAGLEV列车的设计速度为600km/h,并采用了高温超导体,使其在运行中能够有效降低能耗和提高效率。该项目显示出超导悬浮技术在高速列车中的应用潜力[27]。

美国在超导悬浮技术方面也积极探索研究。美国国家航空航天局(NASA)和多个高校合作进行相关研究。麻省理工学院(MIT)开发的磁悬浮列车项目探讨了基于超导悬浮的高速运输系统,目标是实现城市交通的高效转型。洛斯阿拉莫斯国家实验室的研究者们专注于超导材料的性能,开发出新型超导材料,推动其在电力传输和磁悬浮系统中的应用。此外,美国的超导磁悬浮列车项目在试验阶段已经展示了良好的性能,设计速度达到约400km/h[28]。

其他国家如韩国和俄罗斯也在超导悬浮技术的研究方面有所进展。韩国于2006年在仁川推出了超导磁悬浮列车的试验项目,该列车利用超导技术在短距离内进行运输,设计速度为100km/h,主要用于连接仁川国际机场和市中心。俄罗斯则在超导磁悬浮方面进行了一系列基础研究,专注于超导材料的性能改进与应用,目前还未有商用列车投入使用。

3. 永磁悬浮技术国外研究现状

永磁悬浮技术(Permanent Magnetic Levitation)是一种利用永磁体的磁力实现物体悬浮的先进技术,近年来在交通、工业和航空航天等领域获得了广泛关注。与电磁悬浮技术相比,永磁悬浮技术具有更高的能效和更低的维护成本,因此在全球范围内的研究与应用正不断扩大。

在国际研究方面,德国是永磁悬浮技术研究的先行者之一。早在20世纪80年代,德国便开始探索基于永磁体的悬浮系统。1984年,德国弗劳恩霍夫研究所首次展示了永磁悬浮原理,随后一系列的试验和研究成果为后续的发展奠定了基础。进入21世纪,德国的磁悬浮列车项目取得了显著进展,2006年,德国研究人员推出了第二代磁悬浮列车,该列车利用永磁材料实现了低高度悬浮,并进行了多次成功试验。此类技术的关键在于其高效的能量使用和较低的维护成本,使其在未来交通系统中具有广阔应用前景[29]。这些研究不仅聚焦于悬浮原理,还在系统设计、控制技术和材料选择上进行了大量探索,推动了技术的实用化。

1.2.2 磁悬浮技术国内研究现状

1.电磁悬浮技术国内研究现状

中国的电磁悬浮技术研究起步较晚,但在过去的几十年中取得了显著进展。20 世纪 80 年代,中国开始进行电磁悬浮技术的基础研究,并在 20 世纪 90 年代逐步获得政府的重视和资金支持。2004 年,上海磁悬浮列车正式投入运营,成为世界上第一条商业运营的磁悬浮轨道交通。这条线路的运营速度为 431km/h,连接了浦东国际机场和市区,标志着中国在电磁悬浮技术领域的重大突破[31]。

中国在电磁悬浮列车的研发上不断加大投入,2016 年,长沙市开通了基于电磁悬浮技术的长沙磁浮快线,这是国内首条自主研发、设计和制造的商业化运营的中低速磁悬浮线路,设计速度为 140km/h[32]。

在高速磁悬浮技术方面,中国的研究也取得了显著进展。2021 年,青岛磁悬浮列车项目完成了速度 600km/h 的试验,这是世界上最快的磁悬浮列车,代表了中国在高速电磁悬浮技术上的重要突破。该列车采用了自主研发的超导磁悬浮技术,体现了中国在这一领域的创新能力[33]。

此外,中国还在多个城市推广电磁悬浮技术,计划在未来的城市公共交通系统中实现更广泛的应用。浏阳正在进行基于电磁悬浮技术的城市轨道交通规划,未来有望开通更多条磁悬浮线路。

在科研机构方面,国防科技大学、西南交通大学、北京交通大学、中国科学技术大学、清华大学、同济大学等高校都积极参与电磁悬浮技术的研究,探索新型材料和系统设计。例如,中国科学技术大学的研究团队在高温超导材料的开发上取得了一系列成果,为提高电磁悬浮系统的性能提供了理论和实践支持。

总体而言,中国在电磁悬浮技术的研究与应用方面呈现出快速发展的趋势,通过不断的技术创新与实践,推动了这一领域的快速发展。随着城市化进程的加快和对高效、环保交通解决方案的需求增加,中国的电磁悬浮技术在未来将继续发挥重要作用,并在国际竞争中占据更为重要的地位。

2. 超导悬浮技术国内研究现状

中国的超导悬浮技术研究起步较晚,但随着国家对高新技术的重视,特别是在交通领域的需求增长,研究与应用逐渐加速。2015 年,合肥物质科学研究院成立了专门的超导磁悬浮研究团队,致力于超导材料及其在交通领域的应用研究。通过多年的基础研究,中国成功开发了适用于磁悬浮系统的高温超导材料,这为后续的工程化应用奠定了基础。

在具体应用方面,西南交通大学于 20 世纪 90 年代开始着手研究。2000 年 12 月 31 日,西南交通大学王家素团队研制出世界首辆载人高温超导磁悬浮车,取名"世纪号"。该车由直线感应电机驱动,且由地面控制系统控制,采用 15.5m 长的双轨直线永磁轨道结构,感应板置于车辆底部,无附加悬浮和导向控制系统,结构简单。定子长 15.5m,分为 6 段,分段供能,除定子外整个系统无须供能。2014 年,西南交通大学将该技术与真空管道概念相结合,研制出真空管道高温超导磁悬浮试验系统[34-35]。青岛超导磁悬浮列车项目于 2019 年取得了重要进展,研制出原型车,最高速度达到 600km/h。该列车采用了高温超导体,如掺钆钡铜氧化物(YBCO),在运行中展示了卓越的能效和稳定性。青岛中车城市轨道交通装备有限公司主导了这一项目,标志着中国在超导悬浮技术方面的自主创新能力[36]。

与此同时,中国的研究机构与高校也在积极参与超导悬浮技术的开发。例如,清华大学与中国中车集团有限公司合作开展的超导悬浮列车研究项目,计划在未来研发出能够适应长距离、高密度运输需求的超导列车。这些努力不仅提升了中国在超导悬浮技术方面的全球竞争力,也为未来的交通革命奠定了基础。

3.永磁悬浮技术国内研究现状

中国的永磁悬浮技术研究起步较晚,但近年来发展迅速。2000 年初,中国开始对永磁悬浮技术进行系统研究,尤其是在城市轨道交通方面。2014 年,中国成功研制出中车永磁悬浮列车原型,这款列车悬浮和推进系统采用了永磁材料,实现了高效的能量使用。

在科研机构方面,江西理工大学、西南交通大学和国防科技大学等高校积极参与永磁悬浮技术的研究,探索新型永磁材料和悬浮系统的优化设计,展示了其在交通系统中的潜力。

近年来,中国在永磁悬浮技术的研发上不断加大投入,部分地区的轨道交通规划中纳入了永磁悬浮的应用。例如,江西理工大学自主研发了一种新型高效智能永磁悬浮轨道交通系统——"红轨",目前,该系统已拥有一条技术验证线,正在建设一条工程示范线[37]。

1.3　磁浮轨道交通技术存在的问题与挑战

磁浮轨道交通系统是一种非接触式运输系统,通过电磁力实现悬浮、导向和牵引。由于优越的性能优势和发展潜力,磁浮轨道交通系统被认为是目前轨道交通行业重点研发的方向之一。随着磁浮技术在轨道交通、磁浮轴承及医疗器械等领域的广泛应用,对磁浮系统的建模与控制研究具有非常重要的理论意义和实际应用价值。尽管相关的前期研究已取得了较大进展,但仍存在很多问题有待改进和完善。

磁浮交通系统具有卓越的高速潜能和环保优势,正面向 600km/h 乃至更高速度应用场景的目标发展,在高速磁浮系统的悬浮与导向控制、直线牵引、紧急制动、车线桥耦合、线路监控维护、无线传能、车地通信、气动噪声、电磁道岔等方面,研究者们尚需进一步深化研究。同时,面向工程应用,还需在高速列车牵引制动技术、悬浮导向技术、一体化运行控制、隧道内流固热耦合机理、空气动力学、车辆救援和应用等方面进行持续深入的研究。

面向中低速磁悬浮技术的发展,常导磁浮技术与永磁悬浮技术得到了长足的发展,特别是前者,已经顺利实现了低速和中低速磁浮技术的商业化运营。但常导磁浮通常需要大量电能来维持磁场和控制系统的运行,技术研究的重点之一是寻找更节能、更稳定、鲁棒性更强的控制系统解决方案。此外,安全性和可靠性在高速运行和工业应用中也是关键考量因素,需要借助电子信息、传感检测和自动控制等技术手段予以保证。

超导磁浮具有自稳定和不依赖于悬浮电流的特征,但其应用和发展仍然面临严峻的挑战,特别是在超导材料的性能和造价方面。在商业化运营和大规模应用方面,超导磁浮技术面临成本造价、技术成熟度和市场需求等多重挑战,未来需通过技术创新和市场推广,特别是常温超导材料的研发应用,扩展其在交通运输、医疗设备和仪器设备中的应用范围,为全球科技发展和社会进步注入活力。

而永磁悬浮技术受益于材料技术、电气工程和精密制造等学科的发展,充分利用磁体与磁体或铁磁体之间力的作用实现无接触支撑,具有无摩擦、零能耗和简单耐用等显著特点。随着稀土永磁材料的发展,具有高剩磁、高矫顽力、高磁能积的永磁体大幅提高了系统的承载性能,国内外学者相继开展了永磁悬浮技术的研究工作。但鉴于永磁磁浮轨道交通系统仍然处于理论探索与技术研发阶段,面临着磁场不可控、侧向不稳定和悬浮阻尼低等问题,尤其是导向系统的主动控制技术亟待解决。但我国具有稀土资源优势,稀土的矿产储量和分离加工能力均居世界首位,发展永磁悬浮技术具有天然的资源优势和产业价值。未来实现永磁悬浮技术的商业化应用示范,尚需解决磁路设计与磁性材料服役特性、磁力精确化模型与动态磁滞特性分析、多物理域联合分析与导向控制等关键技术问题。

第 2 章　磁悬浮系统数学模型

2.1　磁悬浮系统数学模型及分析

2.1.1　磁悬浮系统的基本原理

在磁悬浮技术研究中,磁悬浮球系统作为一种入门级的磁悬浮结构,为深入研究复杂磁悬浮系统及控制策略提供了良好的借鉴与技术验证平台[38]。该系统的工作原理是通过电磁铁产生的电磁力克服悬浮体的自身重力,使悬浮体稳定在预定悬浮位置。然而,由于系统内外干扰因素的存在,仅依靠固定磁力很难实现良好的抗干扰性能,导致悬浮物体难以持续保持稳定。为了解决这一问题,经典控制算法被引入,通过实时调整线圈中的励磁电流实现对电磁力的动态调节,从而增强系统的抗干扰能力和稳定性。这一过程的核心在于实时检测悬浮体与电磁铁表面的距离(即悬浮间隙),并通过反馈环节计算与预定位置之间的位移差。控制系统根据该位移差实时调整励磁电流,实现对悬浮间隙的精准跟踪控制。具体流程如图 2-1 所示。

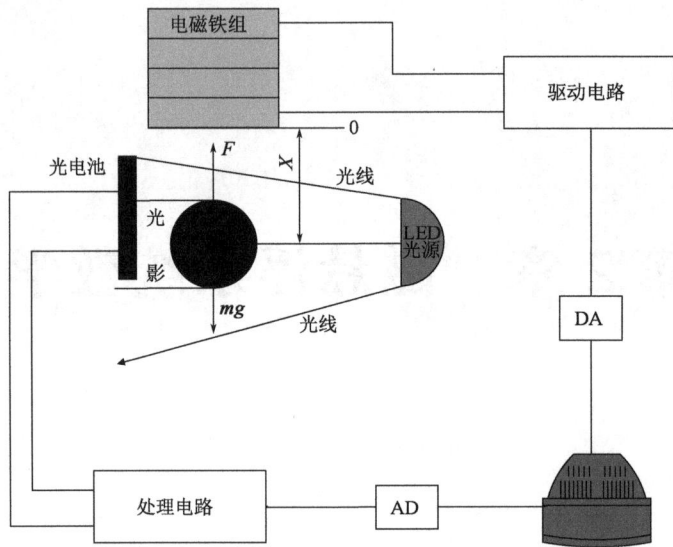

图 2-1　磁悬浮球系统的基本控制流程

图 2-1 中,通过电磁铁组产生电磁场对悬浮体(铁磁性材料)的电磁力平衡悬浮体重力,并通过控制算法实现系统的抗干扰能力,保持持续稳定悬浮。作为一个单闭环控制系统,磁悬浮球系统的检测元件往往是通过负反馈将悬浮间隙状态传递到控制器中参与控制运算,控制算法决定了磁悬浮球系统的动态性能和稳态性能。在数字控制系统中,计算机并不能直接输出过大的电流,往往需要与功率放大器配合使用,提高控制器的驱动能力,通过对控制器输出的控制信号进行放大使其适应磁悬浮球系统对控制电流的要求。

2.1.2　磁悬浮球系统的数学模型

磁悬浮球系统是在垂直方向上通过控制钢球实现稳定悬浮的单自由度系统。在系统研究中,往往需要首先掌握该系统的数学模型及物理特性。求解系统数学模型的方法有两种:一种是根据系统自身输入输出数据来建立对象的数学模型,即系统辨识;另一种是依据系统所遵循的电磁学、运动学和力学等基本规律建立起对象的数学模型,即机理建模。结合现有的研究成果,通过机理建模的方法建立磁悬浮系统的数学模型,进行系统的后续仿真实验系统非线性模型的建立。

结合系统原理,构建合适的数学描述方法和分析基础特性规律是研究控制系统的必要环节。为描述磁悬浮球系统的运动规律,需要对非线性系统进行理想化处理,在特定条件下进行线性化描述,并对控制模型进行理论分析。在建模过程中假设如下[39-40]:

(1) 电磁回路中铁磁部分的磁导率趋于无穷,磁势均匀分布于永磁材料与气隙上。

(2) 电磁绕组与永磁部分的漏磁通忽略不计。

(3) 忽略磁极边缘效应。

(4) 忽略小球受到的其他干扰力,则受控对象小球在此系统中只受电磁吸力和自身重力。

1. 系统动力学

系统稳定运行过程中,悬浮体主要受到重力和电磁力作用,如图 2-2 所示。

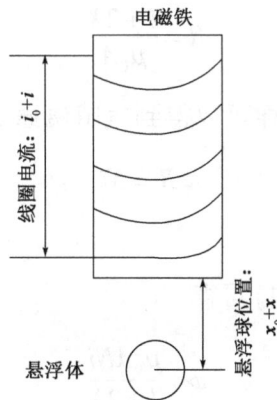

图 2-2　悬浮球结构简图

悬浮体处于动态运行时,系统的运动方程为

$$m \frac{\mathrm{d}^2 X}{\mathrm{d}t^2} = F - mg \qquad (2\text{-}1)$$

在悬浮体的受力分析中,通常假设悬浮体只受到自身重力和电磁铁的吸力作用,而忽略其他外力干扰。其中:X 为悬浮体到磁极面的距离;m 为悬浮体质量;F 为悬浮体所受的电磁力。

2.电磁铁吸力计算

电磁铁的吸力计算是建立磁悬浮球系统模型最重要的一个环节,由于我们设计的系统悬浮质量不大,因此采用空心励磁线圈作为电磁铁。电磁铁中心部分的磁阻不能忽略,在图 2-1 中,设悬浮体到磁极面的距离为 X,线圈中的电流为 i,本实验中使用的电磁铁为空心的螺线管,空心螺线管的长度为 l。由此可得电磁铁磁阻 R 为

$$R = \frac{l}{\mu_0 A} + \frac{2X}{\mu_0 A_0} \qquad (2\text{-}2)$$

式中,μ_0 为空气的磁导率;A 为磁极的截面积;A_0 为气隙截面积。由于气隙长度较短,故近似认为 $A = A_0$,得到

$$R = \frac{l + 2X}{\mu_0 A} \qquad (2\text{-}3)$$

由磁路的基尔霍夫定律可以得到气隙磁通 φ 与磁阻 R 的关系为

$$\varphi R = Ni \qquad (2\text{-}4)$$

式中,N 为线圈匝数。

通过式(2-3)和式(2-4)可得

$$\varphi = \frac{\mu_0 A Ni}{l + 2X} \qquad (2\text{-}5)$$

线圈中的磁链可由以下式得到:

$$\psi = N\varphi = \frac{\mu_0 A N^2 i}{l + 2X} \qquad (2\text{-}6)$$

电磁铁线圈中的磁链与电流关系为

$$Li = N\varphi = \psi \qquad (2\text{-}7)$$

式中，L 为瞬时电感。

电磁铁所产生的能量为

$$Wm(x,i) = \frac{1}{2}Li^2 = \frac{\mu_0 A N^2 i^2}{2(l+2X)} \qquad (2\text{-}8)$$

则可得电磁铁所产生的吸力为

$$F = \frac{\partial Wm(x,i)}{\partial x} = \frac{\mu_0 A N^2 i^2}{(l+2X)^2} \qquad (2\text{-}9)$$

由式(2-9)可知，电磁铁所产生的吸力与悬浮气隙和线圈中的电流有关。可根据气隙的大小动态调节电流，由此产生时变的电磁力使系统处于稳定状态。

3.系统数学模型的建立

在无外力干扰的条件下，当悬浮体处于平衡状态时，电磁吸力与悬浮体的自身重力相等，即

$$f_0 = F_0 - mg = \frac{\mu_0 A N^2 i_0^2}{(l+2X)^2} - mg = 0 \qquad (2\text{-}10)$$

式中，i_0 为平衡状态下电磁铁线圈电流值。

2.1.3　悬浮球偏离平衡状态

当悬浮球偏离平衡位置时，系统处于动态调节阶段。假设此时的控制电流的变化量为 i，悬浮球偏离平衡位置向上的位置变化量为 x，则此时悬浮球的受力为

$$F = \frac{\mu_0 A N^2 \left(i_0 - i\right)^2}{\left(l + 2X - 2x\right)^2} \tag{2-11}$$

忽略外力干扰的情况下,认为悬浮球只受重力和电磁铁吸力,则悬浮球所受的合力为

$$f = F - mg = \frac{\mu_0 A N^2 \left(i_0 - i\right)^2}{\left(l + 2X - 2x\right)^2} - mg \tag{2-12}$$

由悬浮球的动力学方程(2-1)可得

$$m \frac{\mathrm{d}^2 x}{\mathrm{d}t^2} = \frac{\mu_0 A N^2 \left(i_0 - i\right)^2}{\left(l + 2X - 2x\right)^2} - mg \tag{2-13}$$

由于电磁铁产生的磁力 F 与线圈中控制电流的变化量 i 及气隙的位置变化量 x 之间的关系不是线性的,可以使用泰勒展开将变量之间的非线性关系在工作点附近近似为线性关系。然而,线性化通常有一定的应用条件,只能在特定的条件下进行非线性和线性的相互转化,一旦超出这些条件范围,由泰勒展开得到的模型便无法准确描述系统的工作状态。实际的控制系统一般有确定的工作点,因此在工作点附近对系统进行线性化是非线性系统建模过程中的一个非常有效的方法。

对式(2-12)进行泰勒展开,由于在工作点附近线圈电流变化量 i 和气隙变化量 x 调节幅度都很小,可以忽略泰勒级数的高阶项。磁悬浮球系统稳定在工作点时,线圈电流变化量 i 和偏离量 x 均为 0,并满足式(2-12)的关系。

$$f(x,i) = f(0,0) + x \frac{\partial f(x,i)}{\partial x}\Big|_{x=0,i=0} + i \frac{\partial f(x,i)}{\partial i}\Big|_{x=0,i=0}$$

$$= \frac{4\mu_0 A N^2 i_0^{\;2}}{\left(l + 2X\right)^3} x - \frac{2\mu_0 A N^2 i_0}{\left(l + 2x_0\right)^2} i \tag{2-14}$$

因此,式(2-13)可以改写为

$$m \frac{\mathrm{d}^2 x}{\mathrm{d}t^2} = \frac{4\mu_0 A N^2 i_0^2}{\left(l + 2X\right)^3} x - \frac{2\mu_0 A N^2 i_0}{\left(l + 2x_0\right)^2} i \tag{2-15}$$

通过以上计算得到了系统的线性化描述方程:

$$\begin{cases} m\dfrac{\mathrm{d}^2 x}{\mathrm{d}t^2} = K_x x - K_i i \\ K_x = \dfrac{4\mu_0 A N^2 i_0^2}{(l+2X)^3},K_i = \dfrac{2\mu_0 A N^2 i_0}{(l+2x_0)^2} \end{cases} \tag{2-16}$$

式中,K_x 为位移刚度系数;K_i 为电流刚度系数。

取悬浮球的状态变量 $x_1 = x, x_2 = \dot{x}$,得到的状态方程可表示为

$$\begin{cases} [\dot{x}_1 \dot{x}_2] = \begin{bmatrix} 0 & 1 \dfrac{K_x}{m} \end{bmatrix}[x_1 x_2] + \begin{bmatrix} 0 & -\dfrac{K_i}{m} \end{bmatrix} u y = [1 \quad 0][x_1 x_2] \end{cases} \tag{2-17}$$

对式(2-16)进行拉氏变换,得到

$$ms^2 X(s) = K_x X(s) - K_i I(s) \tag{2-18}$$

式(2-18)中电流作为系统的输入,位置量作为输出,系统的传递函数可以描述为

$$G(s) = \frac{X(s)}{I(s)} = \frac{-K_i}{ms^2 - K_x} \tag{2-19}$$

2.2　单点混合悬浮系统数学模型及分析

在单点悬浮球系统的基础上,对悬浮系统的结构进行调整,即在悬浮小球上端加入一个与小球直径相近的圆柱形永磁体,通过永磁体所产生的吸力平衡小球的自身重力,由于永磁部分可承担大部分悬浮作用,因而电磁力作用较小且主要起到稳定性调节作用。

2.2.1　系统动力学模型

小球在竖直方向上的受力分析如图 2-1 所示,其所受三个力分别为电磁力 $F(x,i)$、自身重力 mg 以及外界扰动量 f_d。

根据牛顿第二定律可得其在竖直方向上的力学方程为

$$m\frac{\mathrm{d}^2x(t)}{\mathrm{d}t^2} = mg + f_d(t) - F(x,i) \tag{2-20}$$

式中,m 为小球质量,kg;永磁体上表面与电磁铁磁极之间距离为悬浮间隙 x,mm;$F(x,i)$ 为小球所受吸力,N;i 为流经电磁铁线圈电流,A。

2.2.2 系统磁力模型

设 R_{mp} 为永磁体磁阻、R_c 为气隙磁阻、R_1 为铁心磁阻,基于上述假设,单点混合悬浮球系统的等效磁路模型如图 2-3 所示。

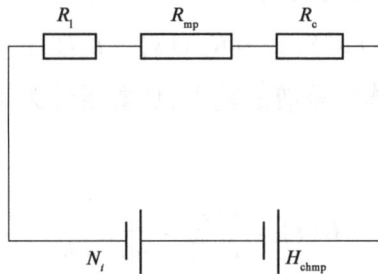

图 2-3 单点混合磁铁等效磁路模型

由于铁心磁阻较气隙磁阻与永磁体磁阻而言数值较小,可忽略不计,因此由磁路中的悬浮间隙以及永磁体所组成的总磁阻如式(2-21)所示,其中,μ_0 为空气的磁导率,μ_{mp} 为永磁体磁导率,$\mu_r = \mu_{mp}/\mu_0$ 为永磁体相对磁导率,h_{mp} 为永磁体厚度,H_c 为永磁体矫顽力。

$$R_m = R_c + R_{mp} = \frac{2x(t)}{\mu_0 A} + \frac{h_{mp}}{\mu_0\mu_r A} \tag{2-21}$$

由毕奥-萨伐尔磁路定律可得回路电流、磁感应强度关系为

$$Ni(t) + H_c h_{mp} = R_m\varphi(x,i) \tag{2-22}$$

因而磁路磁通为

$$\varphi(x,i) = \frac{Ni(t) + H_c h_{mp}}{R_m} = \frac{\mu_0 A [Ni(t) + H_c h_{mp}]}{2x(t) + \dfrac{h_{mp}}{\mu_r}} \tag{2-23}$$

此时,电磁铁绕组在悬浮气隙为 $x(t)$ 时的线圈电感 L 与气隙磁密 B 关系为

$$L(x,i) = \frac{\mu_0 N^2 A}{2x(t) + \dfrac{h_{mp}}{\mu_r}} B = \frac{\varphi(x,i)}{A} = \frac{\mu_0 [Ni(t) + H_c h_{mp}]}{2x(t) + \dfrac{h_{mp}}{\mu_r}} \tag{2-24}$$

则在 t 时刻的电磁吸力方程为

$$F(x,i) = \frac{B^2 A}{2\mu_0} = \frac{\mu_0 A}{2} \left[\frac{Ni(t) + H_c h_{mp}}{2x(t) + \dfrac{h_{mp}}{\mu_r}} \right]^2 \tag{2-25}$$

由式(2-25)可以看出,混合悬浮球系统在加入永磁体之后,其电磁力与纯电磁悬浮的电磁力不同,混合悬浮球系统电磁力与电流、气隙的平方并非呈线性关系。

2.2.3　系统电路模型

忽略小球悬浮位置变化引起的电磁铁线圈电感变化,当电源连通时,电磁铁绕组的回路方程满足:

$$u(t) = R_m i(t) + \frac{d[N\varphi(x,i)]}{dt} = R_m i(t) + L_i \frac{di(t)}{dt} -$$

$$\frac{2\mu_0 NA [Ni(t) + H_c h_{mp}]}{\left[2x(t) + \dfrac{h_{mp}}{\mu_r} \right]^2} \frac{dx(t)}{dt} \tag{2-26}$$

其中,气隙为 $x(t)$ 时的电感 L_i 满足:

$$L_i = \frac{\mu_0 N^2 A}{2x(t) + \dfrac{h_{mp}}{\mu_r}} \tag{2-27}$$

2.2.4　系统非线性模型

当小球实现稳定悬浮时,由牛顿定律此时小球竖直方向的合力为零,即满足单点混合悬浮球系统在平衡点处的边界条件:

$$mg = F(x_0, i_0) = \mu_0 A \left(\frac{N i_0 + H_c h_{mp}}{2x_0 + \dfrac{h_{mp}}{\mu_r}} \right)^2 \tag{2-28}$$

式中,i_0 为小球平衡状态下的悬浮电流;x_0 为小球平衡状态下的悬浮间隙。由系统的动力学、磁力、电路方程可得非线性化数学模型总结如下:

$$m \frac{d^2 x(t)}{dt^2} = mg - F(x, i) + f_d(t) u(t) = R_m i(t) + L_i \frac{di(t)}{dt} -$$

$$\frac{2\mu_0 NA [N i(t) + H_c h_{mp}]}{\left[2x(t) + \dfrac{h_{mp}}{\mu_r} \right]^2} \frac{dx(t)}{dt} F(x, i) = \mu_0 A \left[\frac{N i(t) + H_c h_{mp}}{2x(t) + \dfrac{h_{mp}}{\mu_r}} \right]^2$$

$$\tag{2-29}$$

2.2.5　系统模型线性化

单点混合悬浮球系统具备显著的非线性特性,由上一节分析可得其电磁力与电流大小和悬浮间隙存在着非线性的关系[41]。现利用泰勒级数将方程(2-29)在平衡点处进行近似线性化处理,忽略高阶项后,得到单点混合悬浮球系统的近似线性方程组:

$$\begin{cases} m\, \ddot{x}(t) = K_x \Delta x(t) - K_i \Delta i(t) + \Delta f_d(t) \\ \Delta u(t) = R_m \Delta i(t) + L_0 \Delta\, \dot{i}(t) - K_i \Delta\, \dot{x}(t) \end{cases} \tag{2-30}$$

其中有:

$$
\begin{cases}
K_x = -\left(\dfrac{\partial F}{\partial x}\right)\Big|_{(x_0,i_0)} = \dfrac{4\mu_0 A\,(Ni_0 + H_c h_{mp})^2}{(2x_0 + h_{mp}/\mu_r)^3} \\[4mm]
K_i = \left(\dfrac{\partial F}{\partial i}\right)\Big|_{(i_0,x_0)} = \dfrac{2\mu_0 NA\,(Ni_0 + H_c h_{mp})}{(2x_0 + h_{mp}/\mu_r)^2} \quad L_0 = \dfrac{\mu_0 N^2 A}{2x_0 + h_{mp}/\mu_r}
\end{cases}
$$

取电压为输入变量，$(\Delta x, \Delta \dot{x}, \Delta i)^{\mathrm{T}}$ 作为状态变量，那么可以得到线性化后的状态方程：

$$
\begin{bmatrix} \Delta \dot{x} \\ \Delta \ddot{x} \\ \Delta i \end{bmatrix} =
\begin{bmatrix} 0 & 1 & 0 \\ \dfrac{K_x}{m} & 0 & -\dfrac{K_i}{m} \\ 0 & \dfrac{K_i}{L_0} & -\dfrac{R_m}{L_0} \end{bmatrix}
\begin{bmatrix} \Delta x \\ \Delta \dot{x} \\ \Delta i \end{bmatrix} +
$$

$$
\begin{bmatrix} 0 & 0 \\ \dfrac{1}{m} & 0 \\ 0 & \dfrac{1}{L_0} \end{bmatrix}
\begin{bmatrix} f_d(t) \\ \Delta u(t) \end{bmatrix} \quad
y = [\,1 \quad 0 \quad 0\,]
\begin{bmatrix} \Delta \dot{x} \\ \Delta \ddot{x} \\ \Delta i \end{bmatrix} \quad (2\text{-}31)
$$

结合实践实验设备，系统参数如表 2-1 所示。

控制对象参数　　　　　　　　　　表 2-1

符号	含义	取值
m	小球质量	1.2kg
N	电磁铁线圈匝数	500
R_m	总电阻	10Ω
A	电磁铁磁极面积	415.48mm²
h_{mp}	永磁体厚度	30mm
μ_0	真空磁导率	$4\pi \times 10^{-7}$ H/m
i_0	平衡点电流	0
H_c	永磁体矫顽力	800kA
μ_r	永磁体相对磁导率	1
x_0	平衡气隙	15mm

现选取系统状态变量 $x_1 = x(t)$，$x_2 = \dot{x}(t)$，控制输入量表示为 $u = u(t)$，其中内扰作用部分为 $f(x_1, x_2)$，外扰部分表示为 $w(t)$，由此进而将单点混合悬浮球系统近似成一个二阶系统。将表 2-1 的控制对象参数代入混合悬浮球系统的状态方程(2-31)，可实参化模型如式(2-32)所示：

$$\begin{cases} \dot{x}_1 = x_2 \\ \dot{x}_2 = -10.09\dot{x}_1 + 4638.6x_1 + 2.833u + f(x_1, x_2) + w(t) \quad (2\text{-}32) \\ y = x_1 \end{cases}$$

2.2.6　系统开环稳定性分析

忽略扰动量 f_d 的影响后，由状态空间方程可以得到单点混合悬浮球系统传递函数：

$$G(s) = \frac{\Delta x(s)}{\Delta u(s)} = C(sI - A)B = \frac{-K_i/mL_0}{s^3 + \dfrac{R_m}{L_0}s^2 - \dfrac{K_x R}{mL_0}} \quad (2\text{-}33)$$

由式(2-31)可得该线性近似系统的系统矩阵：

$$A = \begin{bmatrix} 0 & 1 & 0 \\ \dfrac{K_x}{m} & 0 & -\dfrac{K_i}{m} \\ 0 & \dfrac{K_i}{L_0} & -\dfrac{R_m}{L_0} \end{bmatrix} \quad (2\text{-}34)$$

从而可得系统的特征方程：

$$s^3 + \frac{R_m}{L_0}s^2 - \frac{K_x R_m}{mL_0} = 0 \quad (2\text{-}35)$$

根据劳斯判据，劳斯表中第一列符号的变化表明系统式(2-31)的特征根中有一个正实部和两个负实部，这表明系统没有零根。由于非线性系统式(2-29)在平衡点处的偏导数是连续的，根据哈德曼-格罗布曼定理,可以得出在平衡点处单点混合悬浮球系统的非线性系统与相应的线性系统具有相同的拓扑结构[42]。

已知 $\dfrac{R_{\mathrm{m}}}{L_0}>0$，$-\dfrac{K_x R_{\mathrm{m}}}{m L_0}<0$，单点混合悬浮球系统开环劳斯表如表 2-2 所示。

表 2-2

s^3	$c_{1,1}=1$	$c_{1,2}=0$
s^2	$\dfrac{R_{\mathrm{m}}}{L_0}$	$-\dfrac{K_x R_{\mathrm{m}}}{m L_0}$
s^1	$\dfrac{K_x}{m}$	
s^0	$-\dfrac{K_x R_{\mathrm{m}}}{m L_0}$	

单点混合悬浮球系统的线性系统具有正实部特征根,因而其不具有稳定性,可知具有同一拓扑结构的非线性系统也处于一个不稳定工作状态。

2.2.7 系统悬浮刚度分析

对于混合悬浮球系统的结构,悬浮刚度与电磁结构参数、永磁结构参数、永磁材料特性以及控制算法之间存在约束关系。悬浮刚度是验证系统悬浮性能的重要指标。本节将分析悬浮刚度与永磁体材料特性及结构参数之间的关系,为后续混合悬浮球系统控制算法的设计提供参考。

根据 2.1.2 节中的假设（2）与（4）,由磁通连续定理 $BA=B_{\mathrm{mp}}H_{\mathrm{mp}}$,则永磁体磁通量 B_{mp} 可表示为:

$$B_{\mathrm{mp}}=\frac{BA}{A_{\mathrm{mp}}}=\frac{\mu_0 HA}{A_{\mathrm{mp}}} \tag{2-36}$$

此时永磁体的磁场强度 H_{mp} 满足:

$$H_{\mathrm{mp}}=\frac{B_{\mathrm{mp}}}{\mu_{\mathrm{r}}\mu_0}-H_{\mathrm{c}}=\frac{HA}{\mu_{\mathrm{r}}A_{\mathrm{mp}}}-H_{\mathrm{c}} \tag{2-37}$$

在假设（1）的前提下,结合安培环路定理,有:

$$\delta_{mp}H_{mp} + 2\delta H = Ni \tag{2-38}$$

式中，δ_{mp} 为磁力线通过铁心回路的平均长度；δ 为悬浮间隙。

因此，气隙磁场强度 H 可表示为

$$H = \frac{Ni + h_{mp}H_c}{2\left(x(t) + \dfrac{h_{mp}A}{\mu_r A_{mp}}\right)} \tag{2-39}$$

根据磁力计算式 $F = \dfrac{1}{2}\mu_0 H^2 A$，由单点混合悬浮球系统的真空磁导率 μ_0、气隙磁场强度 H 以及等效磁极面积 A 可将磁力计算式表示为

$$F = \frac{1}{2}\mu_0 H^2 A = \frac{\mu_0 A\left[Ni(t) + H_c h_{mp}\right]^2}{2\left[2x(t) + \dfrac{h_{mp}A}{\mu_r A_{mp}}\right]^2} \tag{2-40}$$

从而可得单点混合悬浮球系统的位移刚度系数 K_δ 以及电流刚度系数 K_i 为

$$K_\delta = \frac{\partial F}{\partial \delta} = \frac{\mu_0 A\left[Ni(t) + H_c h_{mp}\right]^2}{2\left[2x(t) + \dfrac{h_{mp}A}{\mu_r A_{mp}}\right]^3} \tag{2-41}$$

$$K_i = \frac{\partial F}{\partial i} = \frac{\mu_0 NA\left[Ni(t) + H_c h_{mp}\right]}{2\left[2x(t) + \dfrac{h_{mp}A}{\mu_r A_{mp}}\right]^2} \tag{2-42}$$

混合悬浮球系统的悬浮刚度系数 K 为系统位移刚度系数 k_δ 与电流刚度系数 K_i 之和，即

$$K = \frac{\Delta F}{\Delta \delta} = K_\delta + K_i \frac{\Delta i}{\Delta \delta} \tag{2-43}$$

对于在平衡点处的近似线性化表达式（2-31），结合式（2-40）~式（2-43）分析可得，混合悬浮球系统的位移刚度系数由永磁体与电磁铁绕组结构特性决定，而 $K_i \cdot (\Delta i/\Delta \delta)$ 部分除了与以上两者相关还与系统的控制性能相关。

为了使混合悬浮球系统有一定的闭环稳定性,要求此系统悬浮刚度系数 K 为正,即满足 $K > 0$, $\dfrac{\Delta i}{\Delta \delta} > -\dfrac{K_\delta}{K_i}$。

结合平衡条件 (x_0, i_0),由式(2-43)可得此时的静态悬浮刚度系数为

$$K = \frac{\mu_0 N A H_c h_{mp}}{(2x + h_{mp}A/\mu_r A_m)^2} \frac{\Delta i}{\Delta x} - \frac{2\mu_0 A (H_c h_{mp})^2}{(2x + h_{mp}A/\mu_r A_m)^3} \quad (2\text{-}44)$$

当永磁铁的截面积为 A_m 时,系统悬浮刚度系数 K 对于永磁体截面积进行偏导,即

$$\frac{\partial K}{\partial A_m} = \frac{2\mu_0 A^2 H_c h_{mp}{}^2}{A_m{}^2 \mu_r \left(2x + \dfrac{h_{mp}A}{\mu_r A_m}\right)^4} \left[\frac{\Delta i}{\Delta x} N\left(2x + \frac{h_{mp}A}{\mu_r A_m}\right) - 3H_c h_{mp}\right] \quad (2\text{-}45)$$

所以当 $\dfrac{\Delta i}{\Delta x} > \dfrac{3H_c h_{mp}}{N\left(2x + \dfrac{h_{mp}A}{\mu_r A_m}\right)}$ 时,有效提升系统悬浮刚度的方法为增大

永磁磁极面积 A_m 或采用相对磁导率 μ_r 较大的永磁材料。

对于永磁体矫顽力,可求得悬浮刚度系数对于永磁体矫顽力的偏导为

$$\frac{\partial K}{\partial H_c} = \frac{\mu_0 A h_{mp}}{\left(2x + \dfrac{h_{mp}A}{\mu_r A_m}\right)^3} \left[\frac{\Delta i}{\Delta x} N\left(2x + \frac{h_{mp}A}{\mu_r A_m}\right) - 4H_c h_{mp}\right] \quad (2\text{-}46)$$

对于 $\dfrac{\Delta i}{\Delta x} > \dfrac{4H_c h_{mp}}{N\left(2x + \dfrac{h_{mp}A}{\mu_r A_m}\right)}$ 情况下,采用永磁体矫顽力 H_c 较大的磁性材

料能提高悬浮刚度。

为验证对于永磁体厚度 h_{mp} 而言,悬浮刚度与控制量 $\Delta i/\Delta x$ 与截面积比 A_m/A(用 k 表示)的约束关系,现进行仿真,选择系统参量同表 2-1,$\Delta i/\Delta x$ 设定量为 7530,则可得到悬浮刚度与永磁体厚度与截面积比的约束关系如图 2-4 所示。

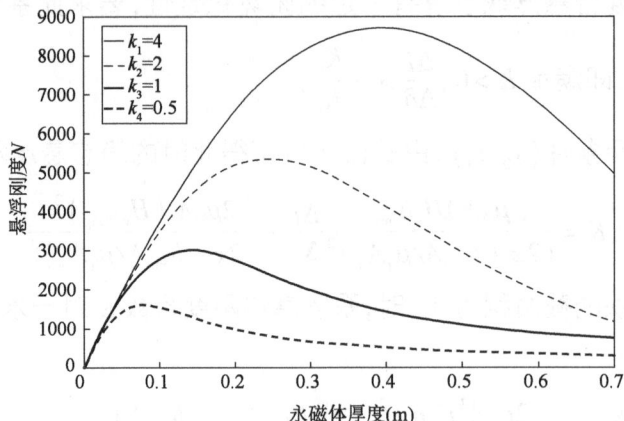

图 2-4　不同截面积比下悬浮刚度与永磁体厚度约束关系

从图 2-4 可以看出,在同一永磁体厚度下,其截面积的增加对于系统的悬浮刚度具有一定提升作用;在永磁体厚度高于临界值后,继续增大永磁体厚度对于系统悬浮刚度的影响则相反。

综上所述,满足固定悬浮结构以及合适控制量 $\Delta i/\Delta x$ 选取的条件时,悬浮刚度与永磁体的材料特性和结构具有较大的约束关系。对于系统悬浮刚度的提升,永磁材料选取方面可采用相对磁导率、矫顽力较大的永磁材料,永磁体结构改善方面可选取厚度或者截面积较大的永磁体结构等措施。

2.3　F 轨悬浮系统数学模型及分析

2.3.1　单点悬浮系统的建模研究

磁悬浮系统数学模型的构建基于电磁学、运动学和电路原理等学科理论。分析 F 轨的物理模型是建立磁悬浮系统数学模型的重要环节[43]。首先,F 轨受到电磁铁形成的磁场力(吸力)作用,从而建立了动力学关系。其次,分析电磁铁吸力与间隙之间的关系,电磁铁的电气特性也会影响电磁吸力的大小。最终,通过联立运动学、电磁吸力和电气特性之间的数学关系,建立起 F 轨磁悬浮系统的数学模型。

电磁铁产生的磁场强度不仅与线圈绕组的电流有关,还会受到电磁铁自身电气特性的影响。随着电流的增大,线圈升温导致的电阻变化等因素也会影响电磁铁的吸力,从而加剧模型的复杂度。由于单点悬浮系统会受到磁滞、漏磁、线圈升温导致电阻变化等不可控因素的影响,为方便分析,在建模前作出以下假设:

(1)忽略电磁铁绕组中的漏磁通;

(2)假设磁极中的磁导率无穷大,忽略导轨及铁心中的磁阻;

(3)假设 F 轨和铁心为均匀介质,磁场均匀分布;

(4)忽略电磁铁中存在的磁滞、磁饱和及剩磁等现象;

(5)斩波器的输入电压和输出电流呈线性关系,并且二者在时间上同步;

(6)忽略 F 轨的弹性振动及动态形变。

在理论分析中,假设可以实现电磁悬浮系统中各悬浮点间的完全解耦,则可以将复杂的多点悬浮控制系统简化为一个单点悬浮系统进行建模分析[44]。单点悬浮控制系统主要由悬浮控制器、悬浮斩波器、F 轨、电磁铁和位置/电流传感器组成,其结构如图 2-5 所示。

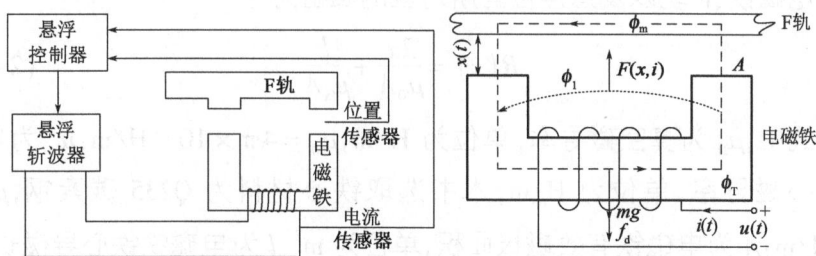

图 2-5　单点悬浮控制系统结构及系统受力

其中,m 为悬浮质量,单位为 kg;$x(t)$ 为电磁铁与 F 轨之间的悬浮间隙,单位为 m;$i(t)$ 为电磁铁线圈电流,单位为 A;$F(x,i)$ 为电磁铁悬浮力,单位为 N;$f_d(t)$ 为外界扰动力,单位为 N;g 为重力加速度,单位为 m/s^2。

工作原理:悬浮电磁铁初始处于距上方 F 轨 8mm 位置处,通过悬浮斩波器在电磁铁两端施加驱动电压,从而在电磁铁线圈内产生电流,形成电磁力。这个电磁力与上方的 F 轨相互作用,产生向上的吸引力,使悬浮电磁铁克服重力向上运动。位置传感器实时获取电磁铁的位置信号,电流传感器获取电磁铁线圈的电流信号。悬浮控制器根据这两个反馈量计算并产生相应的控制量,控制悬浮斩波器输出变化的电压,进而使电磁铁形成变化的电磁力。当电磁铁向上的电磁力、自身重力以及外界干扰力达到平衡时,系统实现稳定悬浮。

2.3.2 单点电磁悬浮系统数学模型

1.动力学方程

考虑电磁铁在垂直方向上的受力情况,根据牛顿第二定律,可得单点电磁悬浮系统的动力学方程为

$$m\frac{\mathrm{d}^2x(t)}{\mathrm{d}t^2} = mg - F(x,i) + f_\mathrm{d}(t) \tag{2-47}$$

2.电磁力方程

电磁铁、F 轨以及悬浮位置所对应的磁阻为

$$R(x) = \frac{2x}{\mu_0 A} + \frac{l}{\mu_\mathrm{x} A} \tag{2-48}$$

式中,μ_0 为真空磁导率,单位为 H/m,$\mu_0 = 4\pi \times 10^{-7}$ H/m;μ_x 为电磁铁铁心磁导率,单位为 H/m,本书选取铁心材料为 Q235 碳素钢,$\mu_\mathrm{x} = 300$H/m;A 为电磁铁有效磁极面积,单位为 m^2;l 为电磁铁铁心导磁长度,单位为 m。

由于铁心磁导率远大于真空磁导率,因此,式(2-48)中右边第二项可以忽略,即

$$R(x) = \frac{2x}{\mu_0 A} \tag{2-49}$$

由磁路的基尔霍夫定律可得

$$Ni = \varphi(i,x)R(x) \qquad (2\text{-}50)$$

式中，N 为线圈匝数；$\varphi(i,x)$ 为磁通量，单位为 Wb。

将式（2-49）代入式（2-50），可得气隙磁通为

$$\varphi(i,x) = \mu_0 AN \frac{i(t)}{2x(t)} \qquad (2\text{-}51)$$

由毕奥 - 萨伐尔定律可知

$$N\varphi = Li \qquad (2\text{-}52)$$

由式（2-51）和式（2-52）可得电磁铁绕组线圈电感为

$$L(i,x) = \frac{N\varphi(i,x)}{i(t)} = \frac{\mu_0 AN^2}{2x(t)} \qquad (2\text{-}53)$$

根据能量守恒定律，电磁力大小为气隙磁场储能在位移上的导数，即

$$F(x,i) = \frac{\partial W(i,x)}{\partial x} = \frac{\partial \left[\dfrac{1}{2}L(i,x)i^2(t) \right]}{\partial x} = \frac{\mu_0 NA^2}{4}\frac{i^2(t)}{x^2(t)} \qquad (2\text{-}54)$$

3. 电磁铁电学方程

由式（2-53）可知，电磁铁电感会受到间隙的影响，在实际过程中由于气隙变化范围较小，电感量变化较小[45]，为了简化分析，假设电感在间隙变化过程中保持不变，不影响系统分析和控制器设计，即 $L(i,x) = L_0$，则电磁铁电学方程可简化为

$$u(t) = Ri(t) + L_0 \frac{\mathrm{d}i(t)}{\mathrm{d}t} \qquad (2\text{-}55)$$

式中，$u(t)$ 为电磁铁两端电压，单位为 V；R 为电磁铁线圈电阻，单位为 Ω；L 为电磁铁线圈电感，L_0 为中间平衡处电感，单位为 H。

联立式（2-47）、式（2-54）和式（2-55）可得单点电磁悬浮系统数学模型为

$$\begin{cases} F(x,i) = \dfrac{\mu_0 N^2 A}{4}\,\dfrac{i^2(t)}{x^2(t)} \\[2mm] u(t) = Ri(t) + L_0\,\dfrac{\mathrm{d}i(t)}{\mathrm{d}t} \\[2mm] m\,\dfrac{\mathrm{d}^2 x(t)}{\mathrm{d}t^2} = mg - F(x,i) + f_\mathrm{d}(t) \end{cases} \tag{2-56}$$

2.3.3 模型线性化与稳定性分析

根据式(2-56)可知模型是一个非线性系统,由于系统工作范围主要在平衡位置附近,因此,将其在平衡点(x_0,i_0)附近作线性化处理,在平衡点(x_0,i_0)处进行泰勒级数展开,即

$$\begin{aligned} F(x,i) &= F(x_0,i_0) + \Delta F \\ &= F(x_0,i_0) + \left[F_i'(x_0,i_0)\Delta i(t) + F_x'(x_0,i_0)\Delta x(t) \right] + \\ &\quad \frac{1}{2!}\left[F_i''(x_0,i_0)\Delta i(t) + F_x''(x_0,i_0)\Delta x(t) \right] + \cdots \end{aligned} \tag{2-57}$$

忽略式(2-57)中的高阶求导项,可得电磁力在平衡点附近的线性化表达式为

$$F(x,i) = F(x_0,i_0) + K_i(x_0,i_0)\Delta i(t) - K_x(x_0,i_0)\Delta x(t) \tag{2-58}$$

式中,$F(x_0,i_0)$为在平衡点的电磁力;i_0和x_0分别为平衡电流和平衡位置间隙;K_i和K_x分别为电流刚度系数和位移刚度系数,分别为

$$K_i = F_i'(x_0,i_0) = \left(\frac{\partial F}{\partial i}\right)\bigg|_{(x_0,i_0)} = \frac{\mu_0 N^2 A i_0}{2x_0^2} \tag{2-59}$$

$$K_x = F_x'(x_0,i_0) = \left(\frac{\partial F}{\partial x}\right)\bigg|_{(x_0,i_0)} = \frac{\mu_0 N^2 A i_0^2}{2x_0^3} \tag{2-60}$$

将式(2-58)代入系统动力学方程,同时根据平衡条件$F(x_0,i_0)=mg$,可得系统线性化动力学方程为

$$m\,\frac{\mathrm{d}^2 x(t)}{\mathrm{d}t^2} = -K_i(x_0,i_0)\Delta i(t) + K_x(x_0,i_0)\Delta x(t) + f_\mathrm{d}(t) \tag{2-61}$$

同理,电磁铁电学方程线性化表达式为

$$\Delta u(t) = R\Delta i(t) + L_0 \Delta\, i(t) \tag{2-62}$$

由式(2-61)和式(2-62)可得系统线性化表达式为

$$\begin{cases} m\Delta\, \ddot{x}(t) = K_x\Delta x(t) - K_i\Delta i(t) + \Delta f_{\mathrm d}(t) \\ \Delta u(t) = R\Delta i(t) + L_0\Delta i(t) \end{cases} \tag{2-63}$$

对式(2-63)进行拉氏变换得到:

$$\begin{cases} (ms^2 - K_x)\Delta X(s) = -K_i\Delta I(s) + F_{\mathrm d}(s) \\ \Delta U(s) = (L_0 s + R)\Delta I(s) \end{cases} \tag{2-64}$$

根据式(2-64)得到单点电磁悬浮系统开环结构如图 2-6 所示。

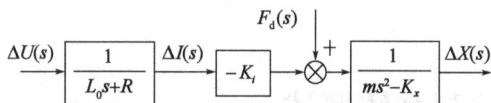

图 2-6　单点电磁悬浮系统开环结构

忽略外扰力 $f_{\mathrm d}(t)$ 影响,由式(2-64)可以得到系统开环传递函数为

$$G_{\mathrm p} = \frac{\Delta X(s)}{\Delta U(s)} = \frac{-\dfrac{K_i}{m}}{s^2 - \dfrac{K_x}{m}} \cdot \frac{1}{L_0 s + R} \tag{2-65}$$

由系统特征方程 $(s^2 - K_x/m)(L_0 s + R) = 0$ 知,系统特征根为

$$s_1 = +\sqrt{\frac{K_x}{m}}, s_2 = -\sqrt{\frac{K_x}{m}}, s_3 = -\frac{R}{L_0} \tag{2-66}$$

式中, s_1, s_2, s_3 为系统特征根。已知系统存在正实根 s_1 ,可以判断该系统是一个三阶不稳定的系统,因此需要设计控制器来实现系统的稳定。

第 3 章　典型悬浮控制算法及仿真分析

3.1　磁悬浮控制系统概述

　　磁悬浮控制系统是一种典型的电磁场在线闭环控制系统,通过电磁力克服重力实现稳定悬浮状态。该系统主要由磁悬浮装置、传感器、控制器以及电源系统构成。这一系统广泛应用于高速列车、磁悬浮列车、电磁轴承、磁悬浮风力发电机等领域,为现代交通运输和工业生产带来了革命性的变革。

　　磁悬浮装置作为系统中的核心组件,主要由超导磁体、电磁铁或永磁体等材料制成,通过生成一个强大的磁场克服重力作用,使物体得以在空中悬浮,并且还能对该物体实施有效的稳定性控制。传感器则承担着收集关于物体位置、移动速度及姿态变化数据的重要任务,随后将所获取的数据传送至控制器。基于传感器接收到的实时数据,控制器能够快速地调整磁场大小与方向,从而达到精准控制的目的。此外,电源系统为整个系统提供所需的电能,保证其正常运行。

3.2　单点磁悬浮控制系统结构

任何主动悬浮系统最终都是通过控制电磁线圈中的电流,间接控制电磁场大小,对系统进行动态调整。对图 3-1a) 所示的 EMS 列车悬浮系统结构进行简化,得到图 3-1b) 所示单点电磁悬浮系统结构。

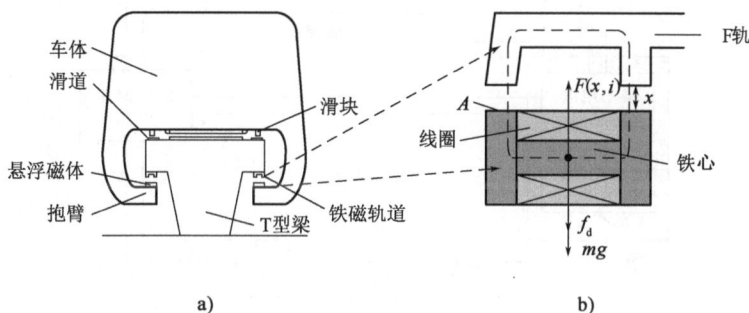

图 3-1　单点电磁悬浮系统受力示意图

图 3-1b) 中:上方为 F 轨,代表 T 型梁下方的铁磁性轨道;下方为 H 型电磁铁,固定在可上下活动的平台上,代表着悬浮磁体及列车本体。当电流 i 通入电磁铁线圈时,电磁场随之产生,电磁吸力 $F(x,i)$ 作用在 F 轨上。当电磁铁的电磁吸力与自身重力相等时,电磁铁以一定的间隙 x 实现悬浮状态。然而,此时的平衡状态极不稳定,一旦电磁铁受到外力 f_d 干扰,平衡状态容易被打破。因此,需要设计一种算法以实现闭环控制,使系统具有一定的抗干扰能力。可搭建如图 3-2 所示的单点磁悬浮控制系统结构。

由图 3-2 所示,单点悬浮系统的主要组成单元有:(1)悬浮单元,对悬浮系统进行实物化,以对电磁铁悬浮状态进行直观表达;(2)检测单元,负责监测电磁铁的悬浮间隙和电流变化;(3)信号调理单元,隔离前后级对模拟信号的影响并对其进行滤波处理;(4)控制单元,接收 A/D 转换后的信号,并根据预设的控制律输出控制信号;(5)驱动单元,处理控制信号,驱动主开关器件以控制电流的通断。其中,信号调理单元和控制单元集成在一块控制电路板上,而驱动单元及霍尔电流传感器则位于斩波器电路板上。

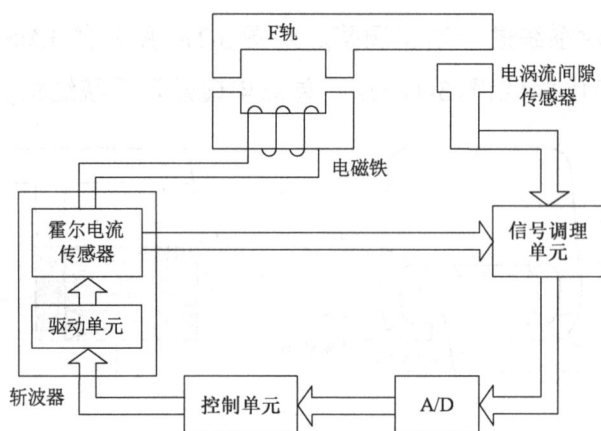

图 3-2　单点磁悬浮控制系统结构

1. 悬浮单元

悬浮单元即为悬浮台架。悬浮台架中部后方伸出一可活动矩形平台,该平台的尾部通过可旋转轴承与立柱相连,立柱固定在台架底板上。矩形平台下方通过四根小柱连接一载物平台,可通过增加重物来增加负载。矩形平台头部上方固定有电磁铁,与矩形平台组成一个悬浮刚体,简称为悬浮体。悬浮体的头部搭在支撑体上,支撑体固定在底座上,此时单电磁铁顶部和 F 轨之间存在最大间隙。该平台中部装有电涡流位置传感器的探头,用于测量电磁铁与上方 F 轨的间隙。

2. 检测单元

检测单元由两种传感器组成,分别用于监测电磁铁的电流和位置。电流传感器采用霍尔电流传感器,用以精确测量流经电磁铁线圈的电流大小。位置传感器用于检测电磁铁上端与 F 轨之间的垂直距离,由于控制作用主要施加在垂直方向上,故单点悬浮实验平台采用高线性度、高灵敏度的电涡流位置传感器。位置传感器探头固定在矩形平台的中部,其顶部与 F 轨保持一定的距离,通过前置器电子线路的处理,传感器输出电流信号,此信号会随着探头与 F 轨之间的距离变化而发生变化。

3. 信号调理单元

在传感器输出的信号进入控制单元之前,需要信号调理单元对间隙及电流信号进行处理,以保证控制单元正常运行。信号调理电路包含三级运算电路,按照信号流经的顺序,依次为电压跟随电路、低通滤波电路、信号放大电路。

4. 控制单元

控制单元接收检测单元输出的位置和电流的电压信号,通过控制算法的作用,输出一定占空比的 PWM 信号并送入驱动单元。

5. 驱动单元

驱动单元接收控制单元输出的电压控制信号,并对该信号进行处理,从而获得足够的驱动电压使主开关器件导通。线圈通电后产生电磁力,以克服悬浮体(包括电磁铁和矩形平台)的重力和外界干扰力,维持稳定悬浮状态。此外,驱动单元可以使开关器件保持良好的开关状态,保证了器件的可靠性,避免过流和过压。

3.3 磁悬浮系统控制算法概述

磁悬浮系统的控制算法是确保悬浮体在运行中稳定、精确悬浮,并对其位置、速度和姿态进行控制的关键技术。控制算法在实际应用中至关重要,其稳定性和控制性能直接影响系统的安全性、运行效率和使用寿命。

在磁悬浮系统中,控制算法的选择取决于系统的特性和应用要求。常见的控制算法包括 PID 控制、模糊控制、神经网络控制以及模型预测控制等。这些算法各自具有不同的优势和适用范围,可以根据系统的需求灵活选用。

3.3.1 磁悬浮系统 PID 控制算法

PID(Proportional-Integral-Derivative) 控制的概念可以追溯到 19 世纪的工业革命时期[46]。然而,直到 20 世纪,随着电子技术和自动控制理论的发展,PID 控制器才在工业领域得到广泛应用。PID 控制器因其简单、稳定的特点,适用于许多工业过程控制,如温度、压力、速度和位置的控制。

在 PID 控制的历史发展中,人们不断提出了各种改进和优化方法,如增量式 PID 控制、自适应 PID 控制和模糊 PID 控制等,以适应不同的应用需求和系统特性。由于其广泛的适用性和灵活性,PID 控制成为工业控制中最基础、最经典的控制方法。在悬浮系统中,PID 控制用于调节磁场以实现物体的悬浮和稳定控制。该算法基于物体当前状态与期望状态之间的误差,通过比例、积分和微分三个部分的组合来计算控制输出,从而实现对系统的精确调节,具体的控制结构如图3-3 所示。

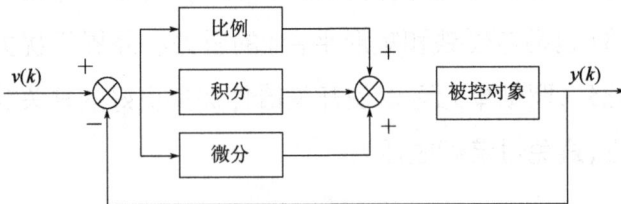

图 3-3 PID 控制结构框图

结合研究对象,采用 PID 控制器以给定悬浮气隙信号为期望值$v(k)$,悬浮系统中通过传感器检查的气隙信号为反馈值 $y(k)$,PID 控制律为

$$S(k) = K_{\mathrm{p}}e(k) - K_{\mathrm{i}}\sum_{j=1}^{k}e(j) + K_{\mathrm{d}}[e(k) - e(k-1)] \qquad (3-1)$$

式中,$S(k)$ 为 PID 控制器的计算输出;$e(k)$ 为系统实际输出 $y(k)$ 与给定信号 $v(k)$ 之间的误差,$e(k) = v(k) - y(k)$;K_{p}、K_{i}、K_{d} 分别为比例系

数、积分系数、微分系数。

在 PID 控制算法中,比例(P)部分根据当前误差的大小,产生一个与误差成比例的输出,该输出用于消除当前误差,使得系统快速响应并迅速靠近期望状态。积分(I)部分则用于消除系统的静态误差,对误差的积分值进行累加,并根据累积误差的大小产生输出,该输出可以帮助系统消除长时间存在的误差,提高系统的稳定性和精度。微分(D)部分根据误差的变化率产生输出,用于抑制系统的振荡和过冲现象,提高系统的动态性能和稳定性。

PID 控制算法在悬浮系统中的应用非常广泛。通过实时调节磁场的强度和方向,PID 控制算法可以使物体稳定悬浮在空中,并对其位置、速度和姿态进行精确控制。这种方法简单易实现且具有良好的性能,因此被广泛应用于磁悬浮列车、电磁轴承、磁悬浮风力发电机等悬浮系统中。

然而,PID 控制算法也存在一些局限性。根据式(3-1),PID 控制是利用误差的比例、积分和微分的线性组合方式来减小误差,这种基于误差而消除误差的控制方式存在一定的局限性。当永磁电磁混合悬浮系统受到扰动时,气隙存在波动,扰动越大,对悬浮气隙的影响越大。此外,悬浮气隙在不同位置时的非线性程度不同,离平衡位置越远,非线性程度越高,这使得 PID 控制方法难以取得理想的控制效果。因此,在实际应用中,常常会结合其他高级控制算法,如模糊控制、神经网络控制或模型预测控制等来进一步提高系统的性能和稳定性。

3.3.2　磁悬浮系统滑模控制算法

滑模控制是在 20 世纪 70 年代初由俄罗斯科学家乌特金(V. I. Utkin)提出的一种控制理论方法,最初是为了解决飞行器的自动控制问题而提出的,并且在冷战时期的军事应用中得到了广泛的应用。

在滑模控制出现之前,传统的控制理论主要集中在线性系统上,例如利用线性二次调节器(LQR)和线性二次高斯(LQG)等方法进行控制。然而,在实际应用中,许多系统都是非线性的,并且受到各种不确定性和外部扰动的影响,这使得传统的线性控制方法在这些系统上的应用受到限制。

滑模控制的出现填补了线性控制理论在非线性系统上应用的空白,通过引入滑模面的概念,有效地解决了非线性系统的控制问题。滑模变结构控制算法以现代控制理论为基础,根据系统微分方程式构建误差状态空间表达式。为了使得系统状态最终收敛于平衡点,该算法引入由误差状态为自变量的一阶线性函数或者由积分面函数等构成的滑模面函数,从而使原来不稳定的系统状态量变成一个渐进稳定的系统[47]。如图 3-4 所示,滑模面函数 s 将状态空间分成上下两部分,状态变量在空间任意一点的运动过程分为趋近运动和滑模运动,状态变量从初始点 a 出发,向靠近滑模面 s 的方向运动,此时该运动过程为趋近运动。在满足一定条件下,状态变量会被"吸引"到达超平面附近的点 b,并进入滑模运动过程,沿着滑模面 s 做趋近原点 o 的运动,最终稳定收敛于平衡点[48]。

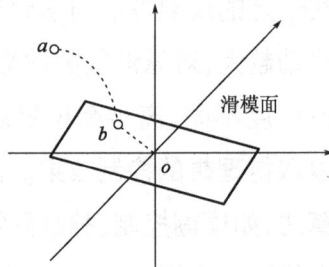

图 3-4　滑模控制原理图

综合上述分析,滑模控制器设计包括两个相对独立的部分:

1. 设计系统的滑模面(切换函数)

滑模面的设计直接影响系统的稳定性和动态品质,对于一个线性系统,有

$$\dot{x} = Ax + Bu, x \in R^n, u \in R^m \tag{3-2}$$

滑模面一般选择为

$$s(x) = cx = \sum_{i=1}^{n} c_i x_i = \sum_{i=1}^{n-1} c_i x_i + x_n \tag{3-3}$$

其中，$x = [x, \dot{x}, \ddot{x}, \cdots, x^{(n-1)}]$，$c = [c_1, c_2, \cdots, c_{n-1}, 1]$。

当系统达到滑模面时，有

$$s(x) = cx = 0 \tag{3-4}$$

若要保证滑模控制系统稳定，则需要选择常数 $c_1, c_2, \cdots, c_{n-1}$，使得多项式 $p^{n-1}, c_{n-1} p^{n-2}, \cdots, c_2 p, c_1$ 满足 Hurwitz 稳定条件，其中 p 为 Laplace 算子。

2. 设计系统的趋近律

设计适当的滑模控制律，使得滑模面上的每一个运动点都存在滑动模态，确保系统从任意状态空间出发均可进入滑模面。几种常见的滑模趋近率如下所示：

（1）等速趋近律。

$$\dot{s} = -\varepsilon \mathrm{sgn}(s), \varepsilon > 0 \tag{3-5}$$

其中，参数 ε 表示系统运动点趋近切换面的速度。这种趋近律简洁且易于理解，允许系统以固定速度趋向于零点，不受初始条件的影响，适用于控制系统的快速响应和抗干扰性能要求高的场景。然而，该趋近律构成的滑模控制器无法消除系统误差，并且在零点附近可能引入振荡。

（2）指数趋近律。

$$\dot{s} = -\varepsilon \mathrm{sgn}(s) - qs, \varepsilon, q > 0 \tag{3-6}$$

在等速趋近律的基础上引入一个附加项 qs，该附加项具有更好的误差收敛性能和更低的振荡水平，可以有效地抑制在零点附近的振荡，提高了系统的稳定性和精度。然而，指数趋近律仍然无法完全消除系统误差，而且需要对参数 q 进行合理选择以平衡误差收敛速度和稳定性。

（3）幂次趋近律。

$$\dot{s} = -q\,|s|^{\alpha}\mathrm{sgn}(s)\,,q>0\,,1>\alpha>0 \tag{3-7}$$

在等速趋近律的基础上引入一个幂次项 $|s|^{\alpha}$，其优点在于可以通过调节幂次 α 来灵活地调整系统的收敛速度和稳定性，使得控制器更具适应性和鲁棒性。此外，幂次趋近律还能够有效地抑制在零点附近的振荡，提高系统的精度和稳定性。然而，幂次趋近律同样无法完全消除系统误差，并且需要对参数 q 和 α 进行合理选择以平衡控制性能和稳定性。

（4）一般趋近律。

$$\dot{s} = -\varepsilon\mathrm{sgn}(s) - f(s)\,,\varepsilon>0 \tag{3-8}$$

在控制器中引入一个关于状态 s 的函数 $f(s)$，其优点在于能够更灵活地适应不同系统的特性和要求。通过选择合适的 $f(s)$，可以实现对系统误差的更有效调节和补偿，从而提高控制系统的稳定性和性能。另外，一般趋近律还可以克服等速、指数或幂次趋近律可能存在的局限性，如零点附近的振荡或收敛速度的限制。然而，一般趋近律的设计需要对状态函数 $f(s)$ 有较深入的理解，并且需要仔细调节参数以确保系统的稳定性和收敛性能。

为满足滑模运动过程，须使滑模面函数满足：

$$\lim_{s\to0} s\,\dot{s} \leqslant 0 \tag{3-9}$$

以一个简单的二阶系统为例：

$$\delta = b_0 u + f_d \tag{3-10}$$

式中，$\delta = x_r - x_1$，x_r 为给定值，x_1 为反馈值，δ 为误差值；u 为被控对象的输入量；b_0 为输入系数。将上述误差方程引入线性滑模面，其表达式为

$$s = c\delta + \dot{\delta} \tag{3-11}$$

采用等速趋近律，其计算式为式（3-5），联立式（3-5）、式（3-10），可得

$$u = \frac{1}{b_0}[c\,\delta - f_{\mathrm{d}} - \varepsilon\mathrm{sgn}(s)] \tag{3-12}$$

对于所设计的滑模面、趋近律以及所求得的控制器应满足如下条件：

①满足可达性条件，即在滑模面 $s=0$ 以外的运动点在有限时间内达到切换面，即满足

$$\lim_{\delta \to +0}\dot{s} < 0, \lim_{\delta \to -0}\dot{s} > 0 \tag{3-13}$$

等效于

$$s\,\dot{s} < 0 \tag{3-14}$$

②保证滑模运动的稳定性，即系统的运动点进入滑模状态后，要保证其运动的稳定性。采用 Lyapunov 稳定性理论，构建正定的 Lyapunov 函数：

$$V = \frac{1}{2}s^2 \tag{3-15}$$

对上式求导，可得

$$\dot{V} = s\,\dot{s} \tag{3-16}$$

由可达性条件可知，当 $s\,\dot{s} < 0$ 时，即 $\dot{V} < 0$，系统的可达性保证了系统的稳定性。

在磁悬浮系统中，滑模控制算法常常被应用于调节磁场的强度和方向，以实现对物体悬浮和稳定的控制。通过实时监测系统状态和反馈信号，并根据滑模控制算法进行控制参数的调节，保证系统能够保持在滑模面上，从而实现对物体的高精度控制和稳定悬浮。

总的来说，磁悬浮系统的滑模控制算法是一种高效、稳定的控制策略，具有广泛的应用前景。滑模控制算法不仅能够提高系统的稳定性和鲁棒性，还能够满足不同工况下的控制需求，为磁悬浮技术的发展和应用提供重要支持。

3.3.3 磁悬浮系统自抗扰控制算法

自抗扰控制(Active Disturbance Rejection Control,ADRC)最初由中国科学家韩京清研究员提出[49]。他在20世纪90年代初首次提出了这一概念,并在其研究中开发了一系列关于 ADRC 的理论和方法。ADRC 设计目的在于有效抵抗系统中存在的各种干扰和不确定性,以实现对物体的稳定悬浮和精确控制。传统 ADRC 的三个组成部分均采用非线性函数,参数较多,调节复杂,在实际应用中难以简单快速地实现控制目标。而线性自抗扰控制(LADRC)的提出很好地解决了这一问题,LADRC 采用线性函数也能得到性能优良的控制器,并且参数整定计算量大幅减小,促进了工程应用。二阶线性自抗扰控制器的结构如图 3-5 所示,主要由三部分组成:线性跟踪微分器(Linear Tracking Differentiator,LTD)、线性扩张状态观测器(Linear Extended State Observer,LESO)和线性状态误差反馈律(Linear State Error Feedback,LSEF)。

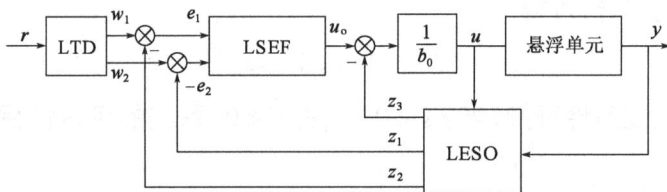

图 3-5　传统二阶 LADRC 的结构

LADRC 的工作原理:首先,通过线性跟踪微分器对理想的阶跃给定信号 r 提供一个过渡过程,生成更为平滑的给定信号 w_1 和获得给定信号微分量 w_2;其次,线性扩张状态观测器根据系统的输出量 y 和控制输入量 u,估计出系统输出量 z_1、输出微分量 z_2,以及系统建模未知部分和所受到的内外总扰动构成的一个新的系统状态量 z_3;最后,线性状态误差反馈律根据系统误差 e_1 与 e_2 得到控制量 u_0,并用该控制量去消除补偿系统总扰动 z_3,将系统变换成一个双积分串联型系统进行控制,得到最终的控制器

控制量 u,作用在被控对象上,实现单点电磁悬浮系统的稳定悬浮。

因此,设计自抗扰控制器的思路为:①选择控制对象的标准型,即确定被控对象理想形式 $y^{(v)} = bu$ 中 v 的相对阶次,这里 v 为 2 阶;②实时地获取控制对象与标准积分串联型之间的误差,即获取系统的总扰动,并采取控制手段进行消除。

通过电流环控制器对系统近似降阶处理后,若设系统状态变量为 $x_1 = y(t)$, $x_2 = \dot{y}(t)$,取控制输入 $u = -i(t)$,则系统的状态方程为

$$\begin{cases} \dot{x}_1 = x_2 \\ \dot{x}_2 = \dfrac{K_x}{m}x_1 + \dfrac{K_i}{m}u + \dfrac{1}{m}f_d = f(x_1,x_2) + \dfrac{K_i}{m}u + \dfrac{1}{m}f_d \\ y = x_1 \end{cases} \quad (3\text{-}17)$$

$$\begin{cases} \dot{x} = Ax + Bu + Ef \\ y = Cx + Du \end{cases} \quad (3\text{-}18)$$

其中,$A = \begin{bmatrix} 0 & 1 \\ \dfrac{K_x}{m} & 0 \end{bmatrix}$, $B = \begin{bmatrix} 0 \\ -\dfrac{K_i}{m} \end{bmatrix}$, $C = [1 \quad 0]$, $D = 0$, $E = \begin{bmatrix} 0 \\ \dfrac{1}{m} \end{bmatrix}$。

分别由 $\mathrm{rank}\,(B,AB) = \begin{bmatrix} 0 & -K_i/m \\ -K_i/m & 0 \end{bmatrix} = 2$, $\mathrm{rank}\,(C,CA)^{\mathrm{T}} = \begin{bmatrix} 1 & 0 \\ 0 & 1 \end{bmatrix} = 2$ 可知,系统具备能控和能观的条件,因此,可以通过设计状态观测器对系统进行观测。

取扩张的系统状态变量 $x_3 = (K_x/m)x_1 + f_d/m = f(x_1,x_2) + f_d/m$ 作为系统被扩张的总扰动,$f(x_1,x_2)$ 为系统内扰,f_d 为外部扰动,令 $\dot{x}_3 = h$,$b_0 = b = K_i/m$,则系统新的状态方程为

$$\begin{cases} \dot{x}_1 = x_2 \\ \dot{x}_2 = x_3 + bu \\ \dot{x}_3 = h \\ y = x_1 \end{cases} \tag{3-19}$$

根据式(3-19),下面介绍针对单点电磁悬浮系统的线性自抗扰控制器的三个组成部分的具体设计。

1. 跟踪微分器

为了减小位置响应超调量和避免起浮冲击电流过大,采用线性跟踪微分器(LTD)对设定信号进行柔化处理,离散化 LTD 如式(3-20)所示:

$$\begin{cases} w_1(k+1) = w_1(k) + h \cdot w_2(k) \\ w_2(k+1) = w_2(k) + h \cdot fh \\ fh = \text{fhan}(w_1(k) - r, w_2(k), r_0, h_0) \end{cases} \tag{3-20}$$

式中,r 为设定输入信号;$w_1(k)$ 为对输入信号的跟踪信号;$w_2(k)$ 为输入信号的微分信号;r_0 为速度因子;h_0 为滤波因子;h 为积分步长;fhan 为最速控制综合函数,形式如下:

$$\begin{cases} d = r_0 h_0^2 \\ a_0 = hw_2 \\ y = (w_1 - r) + a_0 \\ a_1 = \sqrt{d(d + 8|y|)} \\ a_2 = a_0 + \text{sign}(y)(a_1 - d)/2 \\ \text{fsg}(y,d) = [\text{sign}(y+d) - \text{sign}(y-d)]/2 \\ a = (a_0 + y)\text{fsg}(y,d) + a_2[1 - \text{fsg}(y,d)] \\ \text{fhan} = -r_0\left(\dfrac{a}{d}\right)\text{fsg}(a,d) - r_0\text{sign}(a)[1 - \text{fsg}(a,d)] \end{cases} \tag{3-21}$$

2.线性扩张状态观测器

为了避免内外扰动对电磁悬浮系统稳定性造成影响,以及提高系统对各种工况的适应性能,自抗扰控制器通过线性扩张状态观测器将系统中的内扰和外扰估计出来,为消除系统扰动并增强系统的抗扰能力创造了条件。线性扩张状态观测器通过系统的控制量 u 和系统的输出 y 对系统的状态变量 x_1 和 x_2 进行估计得到观测量 z_1 和 z_2,并估计出系统的总扰动 z_3,以便于控制律对扰动进行补偿消除和抑制干扰。对于位置环系统,设计了传统二阶 LADRC 控制器,根据式(3-19)可得三阶扩张状态观测器(LESO)为

$$\begin{cases} e_1 = z_1 - x_1 \\ \dot{z}_1 = z_2 - \beta_1 e_1 \\ \dot{z}_2 = z_3 - \beta_2 e_1 + b_0 u \\ \dot{z}_3 = -\beta_3 e_1 \end{cases} \quad (3\text{-}22)$$

式中,e_1 为观测误差;z_1 为输出 x_1 的观测值,z_2 为 x_2 的观测值,z_3 为系统扰动 x_3 的观测值;u 为控制量;β_1、β_2、β_3 为观测器增益,通过配置观测器增益,可以实现对系统各状态变量的有效跟踪。

3.线性状态误差反馈控制律

由于自抗扰控制理论的最终目的是将控制对象转换为积分串联型系统进行控制,避免引入积分控制,因此,传统二阶线性自抗扰的线性状态误差反馈控制律为

$$u_0 = k_p (w_1 - z_1) + k_d (w_2 - z_2) \quad (3\text{-}23)$$

式中,k_p 和 k_d 为反馈控制增益,u_0 为中间变量。通过线性状态误差反馈控制律实时地消除系统总扰动 z_3,得到控制系统的实际控制量 u 为

$$u = \frac{u_0 - z_3}{b_0} \quad (3\text{-}24)$$

式中,b_0 为补偿增益,促进受控对象转化为标准形式,这里 $b_0 = b$。

将式(3-23)与式(3-24)代入式(3-19)中,通过控制律将系统总扰动消除,从而使位置外环系统由 $\ddot{y} = f + b_0 u$ 形式变换为二阶积分串联型形式: $\ddot{y} \approx u_0$。

在磁悬浮系统中,ADRC 算法通常被应用于调节磁场的强度和方向,以实现对物体的悬浮和稳定控制。通过实时观测系统中的各种干扰和不确定性,并利用这些信息来调节控制器的输出,系统能够在面对外部干扰和不确定性时保持稳定运行,从而实现高精度控制。

3.4 磁悬浮控制策略的参数寻优问题

磁悬浮控制技术作为一种前沿控制技术,在工业和交通领域中得到广泛关注。然而,为了确保磁悬浮系统的高效稳定运行,需要设计出合适的控制策略,并对其参数进行有效优化。

磁悬浮控制策略的参数寻优一直是研究者关注的重要课题。由于磁悬浮系统具有复杂的动态特性、非线性和不确定性,传统的手动调节方法往往无法满足系统的性能要求。因此,如何通过科学有效的方法对控制策略的参数进行寻优,成为迫切需要解决的问题。

参数优化的核心挑战在于,在确保系统稳定性的基础上实现对系统控制性能的最优调节。这要求控制策略不仅要具备高度的稳定性,以保证系统在多变工况下的稳定运行,还需具备良好的控制性能,实现对物体位置、速度及姿态等参数的精准调控。此外,融入能源效率考量,设计出既能高效节能又不失控制精度的策略,是另一层次的重要目标。

针对待整定参数之间相关性强等约束性问题,研究者提出了多种方法和技术,其中基于优化算法的自动寻优方法被广泛采用。这些方法包括遗传算法、粒子群优化算法和模拟退火算法等。特别是粒子群算法,作为一种群智能优化算法,凭借其参数少、规则简单且收敛速度快的优势,在解决上述参数优化问题上展现出了良好的适用性。

3.4.1 粒子群算法

粒子群算法(Particle Swarm Optimization,PSO)的基本思想是将寻找问题最优解的过程模拟为鸟类的觅食过程,将解决问题的搜索空间比作鸟群的飞行领域,而描述问题可能解决方案的粒子比作鸟群中的鸟[50]。数学表示为:在一个 N 维的搜索空间中,每个维度由 m 个粒子组成,第 i 个粒子的位置是一个 N 维的空间向量 $X_i = (x_{i1}, x_{i2}, x_{i3}, \cdots, x_{iN})$,$i = 1, 2,$ $3, \cdots, m$,第 i 个粒子的速度也是一个 N 维的空间向量 $V_i = (v_{i1}, v_{i2}, v_{i3}, \cdots,$ $v_{iN})$,$i = 1, 2, 3, \cdots, m$,第 i 个粒子搜寻到的最优位置,即适应度函数计算结果最优值,记为

$$pbest_i = (p_{i1}, p_{i2}, p_{i3}, \cdots, p_{iN}) \qquad (i = 1, 2, 3, \cdots, m) \qquad (3\text{-}25)$$

整个粒子群搜索到的最优位置记为

$$gbest_i = (g_{i1}, g_{i2}, g_{i3}, \cdots, g_{iN}) \qquad (i = 1, 2, 3, \cdots, m) \qquad (3\text{-}26)$$

每个粒子根据与其他粒子的位置关系和寻优结果信息,不断调整其速度和位置。同时,更新每个粒子的局部最优解和整个群体的全局最优解,以逐步趋近于一个全局最优解。

根据式(3-26)更新每次迭代时粒子的速度和位置。

$$\begin{cases} v_{ij}(k+1) = wv_{ij}(k) + c_1 r_1 [pbest_{ij} - x_{ij}(k)] + c_2 r_2 [gbest_{ij} - x_{ij}(k)] \\ x_{ij}(k+1) = x_{ij}(k) + v_{ij}(k+1) \end{cases}$$

$$(3\text{-}27)$$

式中,$x_{ij}(k)$、$v_{ij}(k)$ 分别代表第 i 个粒子在第 k 次迭代时所处的第 j 维位置分量和速度分量;w 为粒子的惯性权重;c_1, c_2 分别是认知因子和种群因子;r_1, r_2 为 $[0,1]$ 之间的随机因子;$pbest_{ij}$、$gbest_{ij}$ 分别为第 i 个粒子

和全局粒子当前所经过的第 j 维最好位置分量。

初步选用 ITAE 指标作为粒子群的适应度函数 J_{ITAE} ：

$$J_{ITAE} = \int_0^\infty t \mid e(t) \mid dt \qquad (3\text{-}28)$$

PSO 算法参数寻优流程如图 3-6 所示。

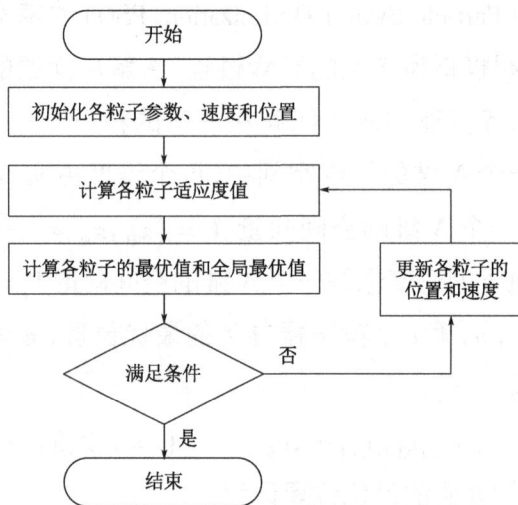

图 3-6　PSO 算法参数寻优流程

3.4.2　模拟退火算法

模拟退火算法(Simulated Annealing,SA)是一种基于蒙特卡洛迭代求解方法的随机寻优算法[51],其基本思想源于物理学中固体物质的退火过程与组合优化问题(NP-complete 问题)的相似性,模拟热力学中固体物质的冷却退火过程。当物体升温时,固体中原子的热运动,即内能,会逐渐增加,内部粒子状态会变得无序;在固体的降温过程中,原子会由无序逐渐趋于有序,在降温过程中的不同温度下均存在平衡状态;当降温过程达到初始温度时,固体中原子的能量降至最小,达到原始状态。结合实际优化问题求解时,模拟退火算法过程如下:

步骤 1：设定初始温度 T_0，终止温度 T_f，降温速度 $rate$，$0 < rate < 1$，T_0 的取值需要大一些，表示加温的最大温度，T_f 的取值需要小一些，相当于原始态，$rate$ 越大，表明温度下降越慢。取一个起始点 x，计算出函数值 $f(x)$。

步骤 2：当 $T_0 > T_f$ 时，随机让 x 移动，并计算新的函数值 $f(x+1)$。

步骤 3：利用 Metropolis 准则判断是否保留新解：

（1）如果 $f(x+1) < f(x)$，当前值更新为新值；

（2）如果 $f(x+1) > f(x)$，计算概率 P，$P = \exp(-\{[f(x+1) - f(x)]/T_0\})$，并取一个随机数 r，$0 < r < 1$，当 $r < P$ 时，将当前值更新为新值，否则不更新，T_0 越大，exp 指数函数括号里的值也越大，那么接受新值的概率 P 也越大。随着迭代次数的增加，T_0 会越来越小，接受新值的概率 P 也越来越小，当 T_0 减小到 T_f 时，趋于稳定状态。

步骤 4：进行一次退火降温处理：$T_0 = T_0 \times rate$，回到步骤 2。

3.4.3　基于模拟退火粒子群算法的参数整定

虽然 PSO 算法具有收敛快、易于实现的优点，但也存在不足，如收敛早，容易陷入局部最优值等。模拟退火算法通过一定概率接受较差解的方法，能够帮助粒子跳出局部最优，继续搜索。基于此，将两者优化算法相融合，并引入约束因子代替惯性权重，构建带约束因子的模拟退火粒子群算法，即 SA-CFPSO 算法。这种算法能够有效解决在寻优过程中出现的局部收敛问题，提高参数优化精度，并利用约束因子提高粒子收敛速度。

引入约束因子的 PSO 算法中更新粒子速度与位置表达式为

$$\begin{cases} v_{ij}(k+1) = \rho v_{ij}(k) + c_1 r_1 [pbest_{ij} - x_{ij}(k)] + c_2 r_2 [gbest_{ij} - x(k)] \\ x_{ij}(k+1) = x_{ij}(k) + v_{ij}(k+1) \end{cases}$$

$$(3-29)$$

式中，$x_{ij}(k)$、$v_{ij}(k)$ 分别代表第 i 个粒子在第 j 维上第 k 次迭代时的位置、速度；c_1、c_2 分别为粒子位置、速度学习因子；r_1、r_2 为 $[0,1]$ 之间的随机因子；$pbest$、$gbest$ 分别为粒子个体位置最优值、种群位置最优值；ρ 为约束因子，其具体形式为

$$\begin{cases} \rho = \dfrac{2}{|2 - \varphi - \sqrt{(\varphi^2 - 4\varphi)}|} \\ \varphi = c_1 + c_2 \end{cases} \tag{3-30}$$

SA-CFPSO 优化算法整定控制器参数流程如图 3-7 所示，主要步骤如下：

步骤 1：对下列参数进行初始化：粒子规模 N，学习因子 c_1、c_2，约束因子 ρ，最大迭代次数 M，寻优参个数 D，模拟退火初始温度 T_e，退火常数惯性权重 $lamda$，粒子速度和位置；

步骤 2：运行扩张系统仿真模型，并根据式（3-28）性能指标确定粒子的最优位置值和种群的最优位置值；

步骤 3：判断是否满足最大迭代次数条件，若满足则输出种群全局最优解，否则进行步骤 4；

步骤 4：根据式（3-29）和式（3-30）更新粒子的速度与位置，引入 SA 算法，结合 Metropolis 准则，以一定的概率接受位置差解，并计算粒子适应度值；

步骤 5：更新粒子和种群的最优位置值以及退火温度 $T_e(k+1) = T_e(k) \times lamda$，重复步骤 2。

此外，还有一些基于模型的方法，如系统辨识和模型预测控制等。这些方法利用系统的数学模型和实验数据，对控制策略的参数进行精确估计和优化调节，尽管在一定程度上能够提高系统的控制性能和稳定性，但也需要解决模型误差和参数不确定性等问题。

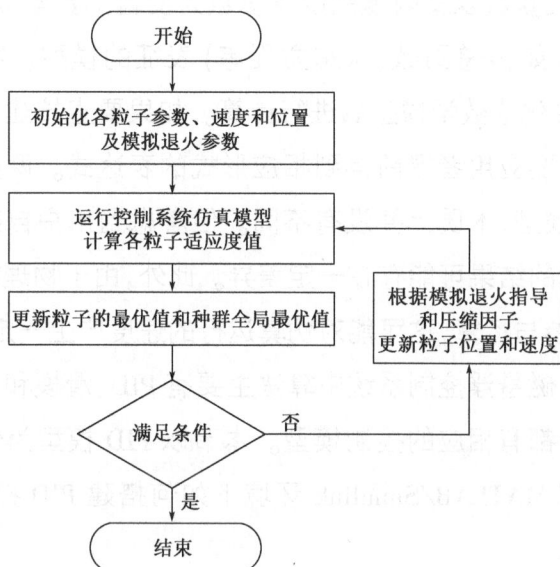

图 3-7　SA-CFPSO 算法参数寻优流程

3.5　磁悬浮系统仿真分析实验环境搭建

仿真的目的是验证控制策略的有效性,更主要的目的是降低参数实际整定的工作量。为此,我们利用 MATLAB Simulink 工具进行仿真。根据 Simulink 建模的相关规则,将建立的控制策略模型与过程/对象模型相连,并设置好参数,即可进行仿真。

3.5.1　Simulink 建模与仿真分析

为了利用仿真工具验证控制策略的效果,或者为了将仿真得到的控制器参数快速移植到实际的控制器,必须建立控制对象的仿真模型,而且在一定程度内越精确越好。

利用 Simulink 的模块库,可建立的对象模型大体可以分为两类:一类是以物理特性(如电感、电阻、电容等)表征的模型,其物理形态背后是影响其特性的各类参数以及内建的以各参数为变量的数学模型;另一类是以数学表达式(如传递函数、状态方程等)表征的模型。物理模型会在 Simulink 内部转化成数学模型后进行计算。如果要直接建立对象的数学形式模型,则需要应用者提前得到相应形式的表达式。两类模型计算的基础都是数学模型,本质上并没有不同。但考虑到用户自建数学模型的精度问题,仿真的结果可能存在一定差异。此外,由于物理模型需要先转化为数学模型参与运算,这可能对仿真运行的速度产生一定影响。

前已述及,磁悬浮控制系统中算法主要有 PID、滑模和自抗扰控制算法等,这些算法都有相应的控制模型。本节以 PID 模型为例进行详细介绍,具体说明在 MATLAB/Simulink 环境下如何搭建 PID 控制框图,并给出具体的示例。

在 MATLAB/Simulink 中搭建 PID 控制框图的详细步骤如下:

步骤1:打开 Simulink 并创建新模型。

打开 MATLAB 软件;在命令窗口中输入命令 Simulink 并按下 Enter 键,或者直接在 MATLAB 工具栏中点击 Simulink 图标打开 Simulink,Simulink界面如图3-8所示。

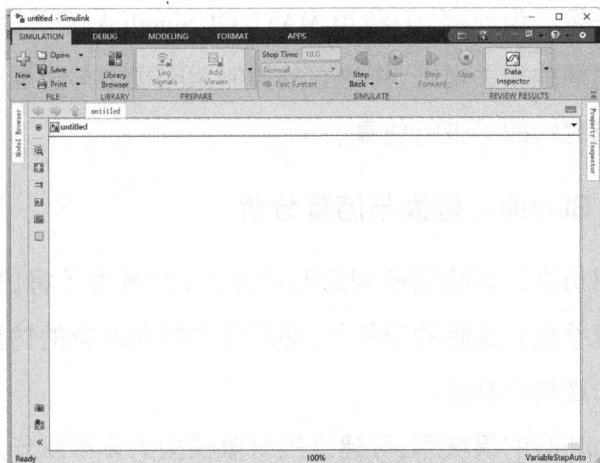

图 3-8　Simulink 界面

步骤 2：添加 PID 控制器模块。

在 SIMULATION 选项找到"Simulink Library Browser"库。展开"Simulink Library Browser"库，在"Continue"子库中找到"PID Controller"模块，并将"PID Controller"模块拖拽到 Simulink 模型中。PID 模型如图 3-9 所示。

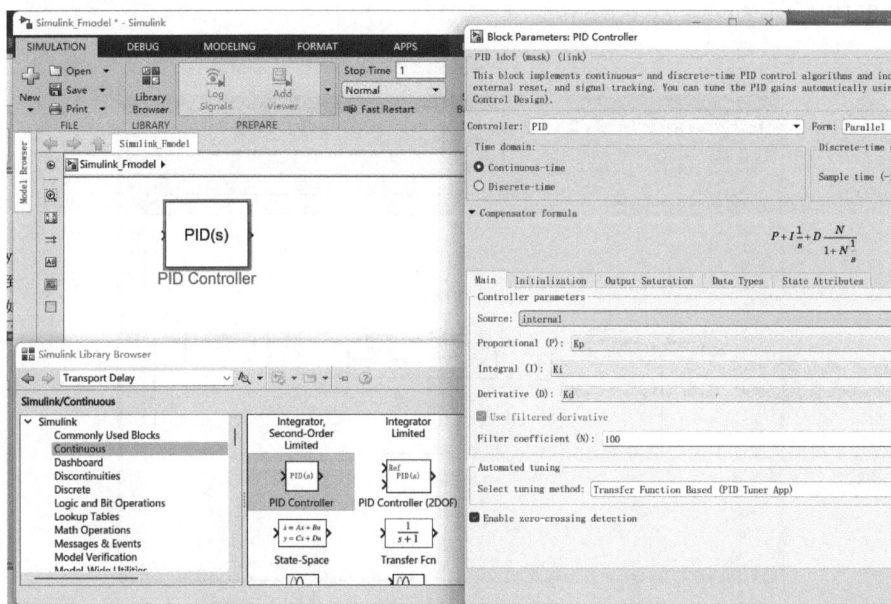

图 3-9　PID 模型

步骤 3：设置 PID 控制器参数。

双击添加的 PID 控制器模块，打开参数设置界面，设置比例增益（Proportional Gain，Kp）、积分时间（Integral Time，Ti）、微分时间（Derivative Time，Td）等参数。这些参数可根据系统要求和性能指标进行调节。

步骤 4：添加系统模型和输入信号。

在 Simulink 模型中添加要控制的系统模型，可以是已有的子系统或者自己构建的模型。

添加输入信号源,例如步进信号或正弦信号,作为 PID 控制器的输入信号,同样在"Simulink Library Browser"库中可找到对应模型。

步骤5:连接信号和搭建闭环控制系统,将输入信号连接到 PID 控制器模块的输入端口,将 PID 控制器模块的输出连接到系统模型的输入端口,形成闭环控制系统。以双闭环控制系统为例,Simulink 仿真图如图3-10 所示。

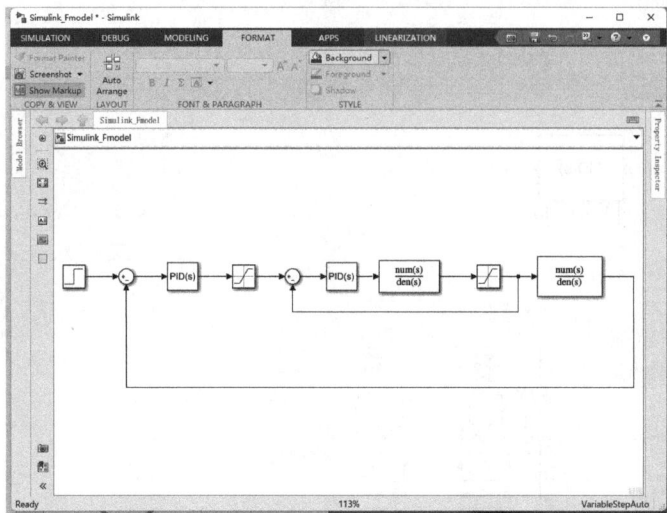

图3-10 双闭环控制系统 Simulink 仿真图

步骤6:在 MODELING 选项中找到"Model Settings"选项。设置仿真时间(Simulation time)、步长(Solver selection)等仿真参数。Model Settings 界面如图3-11 所示。

步骤7:点击 Simulink 界面的"Run"按钮开始仿真,分析结果并调节参数。分析仿真结果包括系统的稳定性、响应速度、超调量等性能指标。根据仿真结果调节 PID 控制器的参数,使系统的性能达到设计要求。

通过以上步骤,就可以在 MATLAB/Simulink 中搭建 PID 控制框图,并进行仿真验证。

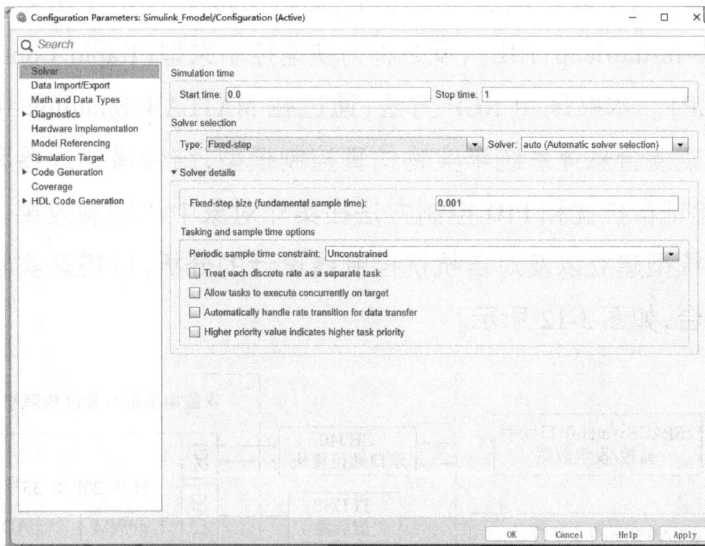

图 3-11　**Model Settings** 界面

3.5.2　半实物联合仿真分析环境搭建

半实物联合仿真技术结合了纯物理实验和计算机仿真的优势,不仅降低了研发时间和成本,而且结果更接近实际运行情况,具有较好的实时性和可信度。本章将在 MATLAB/Simulink 中搭建被控对象控制系统的半实物仿真模型,并通过代码生成技术将模型转换成程序代码下载到控制器中,与单点永磁电磁混合悬浮平台组成闭环控制回路,通过半实物仿真技术对永磁电磁混合悬浮系统进行实时仿真和测试。

上一节进行的仿真实验称为虚拟仿真,所有部分都是通过软件进行模拟。由于这种方式的被控对象模型是理想化的,因此易于实现,成本较低,对环境的要求低,方便对被控对象的定性分析。然而,这种仿真方法的真实性和有效性取决于被控对象模型的精准度以及系统参数的确定性。半实物仿真技术则需要结合具体的实物,也称为实时仿真,其由实物部分和虚拟部分组成,常见的有两种组合形式。例如,控制器采用微处理器,被控对象采用数学建模形式表示,这种组成称为硬件在环仿真测试(Hardware-in-the-loop,HIL),反之称为快速控制原型(Rapid Control Prototyping,RCP)。本书采用 RCP 方法,通过在 MATLAB/Simulink 中搭建单点永磁电磁混合悬浮系统半实物仿真控制模型,结合微处理器和悬浮物理平台,验证自抗扰和 PID 控制方法在实际对象中的控制效果。根据前面对系统模型建立以及对自抗扰控制器设计的分析,可搭建实物仿真系统实验平台,如图 3-12 所示。

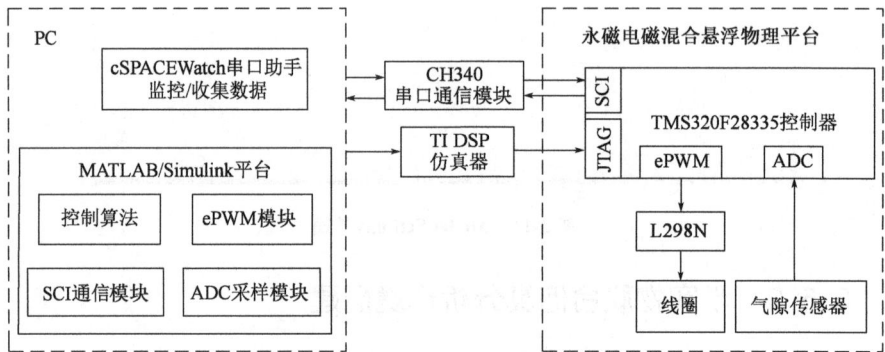

图 3-12 半实物仿真系统实验平台示意图

根据图 3-12 所示,半实物仿真系统实验平台由 PC 端和永磁电磁混合悬浮物理平台组成。悬浮平台部分控制器采用高性能的 TMS320F28335 处理器,功率放大器采用双路 L298N 模块;PC 端部分利用控制器在 MATLAB/Simulink 中集成的 TI C2000 系列硬件支持包,通过集成好的硬件底层驱动来搭建半实物仿真控制模型,包括串口通信 SCI 模块、ADC 采样模块、ePWM 输出模块以及控制算法的配置。当半实物仿真控制模型搭建完成后,通过代码生成技术将模型转换成控制器对应的代码,并通过 TI DSP 仿真器烧录到控制器中,从而驱动功率放大器控制被控对象。此外,通过 CH340 串口通信模块可建立悬浮物理平台与 PC 端上位机的实时数据交互,实现上位机在线调试悬浮系统控制器参数,并读取平台的运行数据。当达到理想控制效果时,可通过生成的工程文件直接下载到控制器中,从而脱离 Simulink 环境,极大提高了开发效率和可靠性。

对代码生成环境进行配置时,需要准备三个软件,同时确保主要版本匹配。如果版本不合适,可前往仪器厂商官方网站进行免费下载。

需要准备的三个安装包为:

(1) TI controlSUITE;

(2) TI Code Composer Studio;

(3) TI C2000Ware。

详细步骤如下:

步骤1:打开 MATLAB 获取硬件支持包页面:点击附加功能→获取硬件支持包,界面如图3-13 所示。

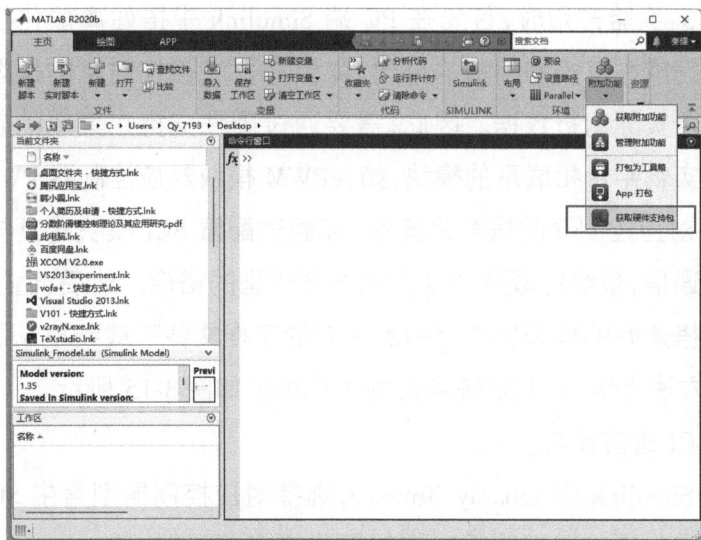

图3-13 硬件支持包界面

步骤2:安装 C2000 处理器支持包:搜索"Embedded Coder Support Package for Texas Instruments C2000 Processors"(直接搜索 C2000 即可),界面如图3-14 所示。

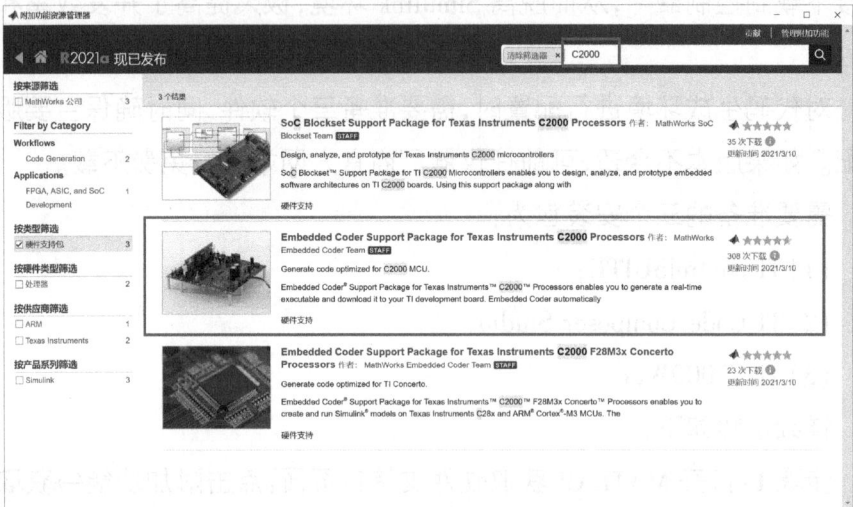

图 3-14　C2000 处理器支持包界面

步骤 3：实验开始时，首先在 PC 端 Simulink 中搭建离散化控制算法模型。为完成系统控制回路的搭建，需要将系统被控对象的模型和测量反馈值结合实际运行数据。因此，需要通过硬件支持包集成的底层驱动库配置与实物平台相联系的模块，如：ePWM 模块对应控制器 PWM 输出，ADC 模块对应控制器的信号采集等，并通过配置 SCI 模块建立与实物系统的串口通信，最终完成整个半实物仿真模型的搭建。然后，通过代码生成工具将搭建好的模型生成控制器对应的工程文件下载到控制器中。以 PID 控制方法为例，控制系统半实物仿真模型如图 3-15 所示。

（1）SCI 通信模块。

通过 Simulink 中 Libaray Browser，选择对应控制器型号中 SCI Transmit 模块，实现串口调试助手对控制器发送数据，通过 Memory Copy 模块实现对控制系统中各数据的监视。根据 TMS320F28335 控制器参考手册，最多可配置三个 SCI 通信接口。本实验选用 SCI A 接口通信实现上位机与控制器通信，控制器可通过半实物仿真模型中配置的引脚接收上位机的数据指令，对悬浮体进行控制，通过 Memory Copy 模块无须硬件连线即可在上位机显示悬浮气隙、控制输出等数据。由于代码生成的局限性,需要将数据格式转换为数组,才能通过 SCI 模块的控制器引脚发送。以 SCI 接口的一个传输通道为例,数据发送格式如图 3-16所示。

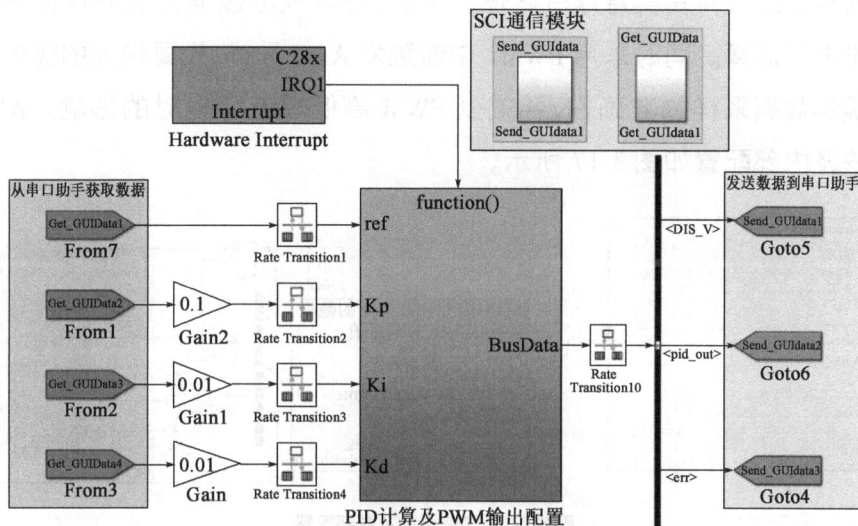

图 3-15　PID 控制系统半实物仿真模型

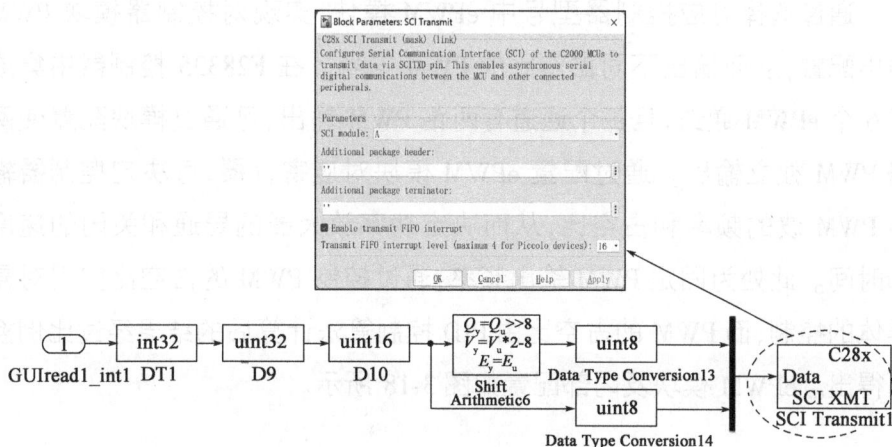

图 3-16　SCI 模块及内部配置

(2) ADC 采集模块。

通过选择对应的控制器型号中 ADC 模块,实现对控制器模拟电压采集配置,对气隙传感器电压进行采样。悬浮气隙信号通过霍尔或激光传感器(具体结合被控对象性质选择)经 ADC A 通道 5 引脚传给控制器,经数值标定后获得真实悬浮气隙值。然后,悬浮气隙数据传到 PID 控制算法中进行运算。同时采用 PWM1 中断触发 ADC 采样,设置较高的优先级以确保数据采样的准确性,并减少 PWM 高低幅值切换时的影响。ADC 模块及内部配置如图 3-17 所示。

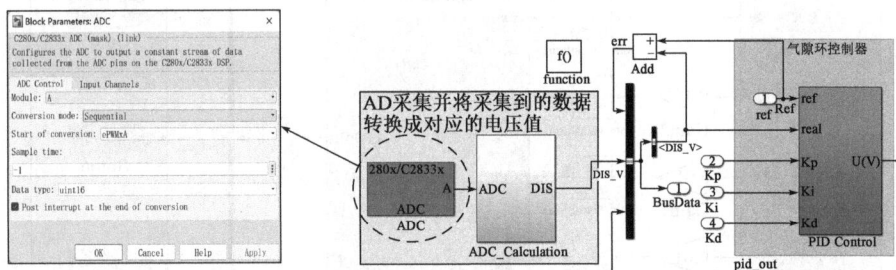

图 3-17 ADC 模块及内部配置

(3) PWM 输出模块。

通过选择对应控制器型号中 ePWM 模块,实现对控制器模块 PWM 输出配置,从而输出不同占空比的 PWM 信号。在 F28335 控制器中集成了 6 个 ePWM 通道,且每个通道有两路 PWM 输出,可通过模块配置使两路 PWM 独立输出。通过配置 ePWM 模块对应寄存器,可决定控制器输出 PWM 波的频率和占空比,从而决定功率放大器的导通和关闭的速度和时间。此处为固定 PWM 输出频率,通过控制 PWM 的占空比实现对悬浮体的控制,而 PWM 的占空比由 PID 控制算法计算后的结果经过比例换算得出。ePWM 模块及内部配置如图 3-18 所示。

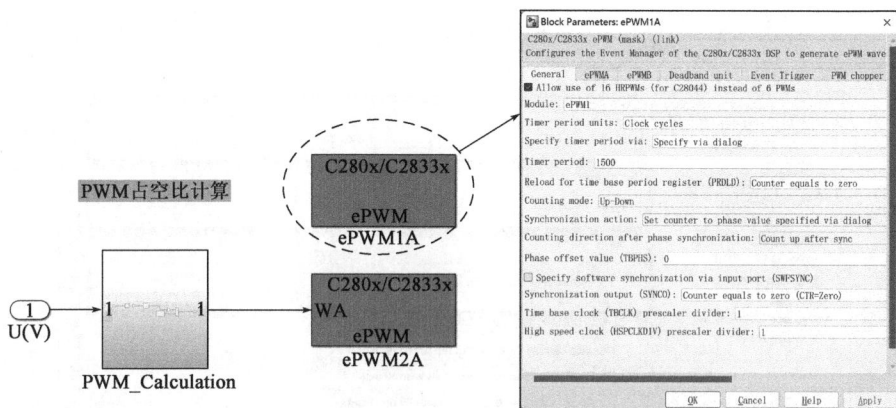

PWM占空比计算

C280x/C2833x
ePWM
ePWM1A

C280x/C2833x
WA
ePWM
ePWM2A

U(V)

PWM_Calculation

图 3-18　ePWM 模块及内部配置

步骤 4：下载与运行，用 MATLAB/Simulink R2021b 或者更高版本 MATLAB/Simulink 打开配置的".slx"工程文件，在工具栏找到"HARD-WARE"选项，并选择下方的"Hardware Settings"，可以进行自动代码生成前的配置，主要包括求解器"Solver"的配置，硬件实现"Hardware Implementation"的配置以及代码生成"Code Generation"的配置。模型配置对话框打开后默认停在上次配置的选项上，第一次打开时停在"Solver"选项上。如图 3-19 所示，在"Solver"选项中可以配置"Simulation time"（配置仿真的起始时间和终止时间）、"Solver selection"（选择求解器的类型）以及"Solver details"（设置求解器步长，单位为秒）等。

步骤 5：进行"Hardware Implementation"的配置，如图 3-20 所示。首先选择目标硬件，在"Hardware board"下拉框中找到"TI Defino F2833x"并选择。然后配置目标硬件的资源，在"Build action"中设置编译选项，在"Device Name"中选择具体的硬件型号，勾选"Boot From Flash"，代码下载到芯片的 FLASH 中，不勾选则默认下载到芯片的 RAM 中。

步骤 6：配置"Code Generation"，先配置生成的代码类型，再选择生成的代码支持的编译器类型；按照图 3-21 所示进行配置即可。配置完成后点击"OK"按钮，关闭模型配置对话框。

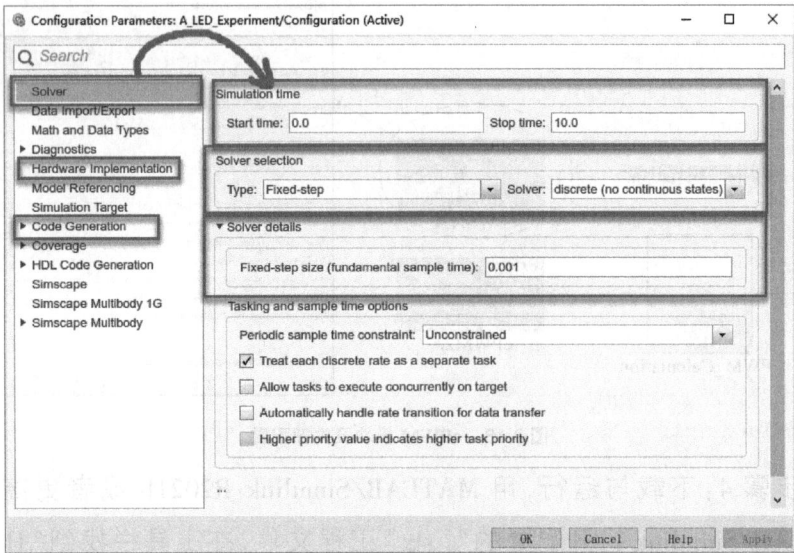

图 3-19　模型配置按钮对话框

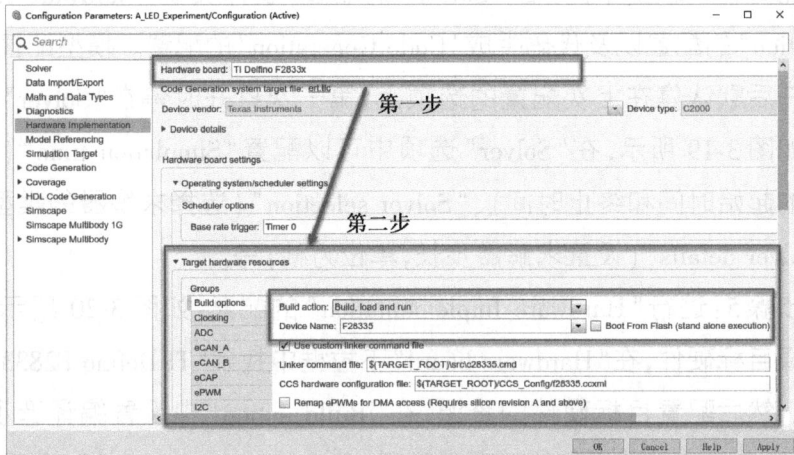

图 3-20　"Hardware Implementation"选项的设置

　　上述关于代码生成的配置,需要在每次新建模型时进行,否则无法生成目标代码,编译也会出错。一般模型按照图片中配置即可,针对具体模型的需要,也可自行配置。

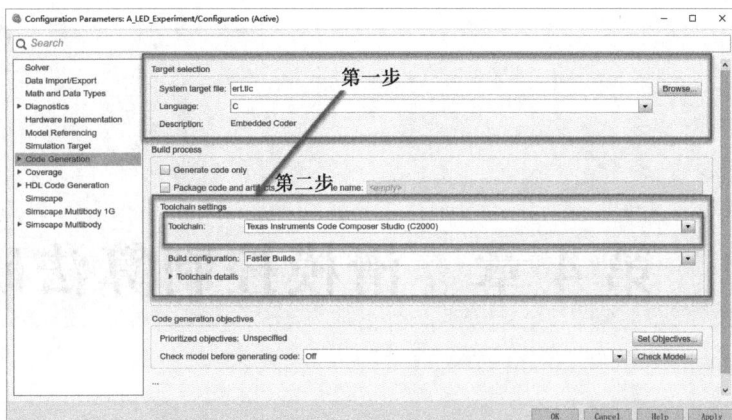

图 3-21　"Code Generation"的配置

步骤 7：使用"仿真线"将实验箱"仿真线"接口与计算机相连，点击"Build Deploy & Start"按钮，编译".slx"模型，将生成的代码下载到实验箱中。

第 4 章　滑模控制算法研究

4.1　滑模控制算法设计及理论分析

4.1.1　滑模变结构控制特点

对于滑模控制系统而言,当控制系统处于滑动模态时,系统对满足一定条件下的外界干扰以及系统内部参数摄动具有完全的自适应性,这种能力正是滑模控制最显著的优势,被称为"摄动不变性"。

为验证滑模控制这一特点,考虑如下单输入单输出线性系统:

$$\dot{x}(t) = f(x,t) + g(x,t)u(x,t) \tag{4-1}$$

若考虑式(4-1)具有不确定性和受扰动的情况,即

$$\dot{x}(t) = f(x,t) + g(x,t)u(x,t) + d(x,t) \tag{4-2}$$

其中,$d(x,t) \in R^n$ 为控制系统内部的参数摄动以及可能出现的外界扰动。

选择滑模变量 s 的切换函数为 $s(x,t)$,则可得

$$\dot{s}(x,t) = \left(\frac{\partial s}{\partial x}\right)^{\mathrm{T}} \left[f(x,t) + g(x,t)u_{\mathrm{eq}}(x,t) \right] + \frac{\partial s}{\partial t} \tag{4-3}$$

其中,假设 $\left(\dfrac{\partial s}{\partial x}\right)^{\mathrm{T}} g(x,t)$ 为可逆的,当控制系统处于滑动模态时,由等效控制原理($\dot{s}(x,t)=0$ 时所求得的控制律)可以得到滑模控制的等效控制满足:

$$u_{\mathrm{eq}}(x,t) = -\left[\left(\frac{\partial s}{\partial x}\right)^{\mathrm{T}} g(x,t)\right]-1\left[\left(\frac{\partial s}{\partial x}\right)^{\mathrm{T}} f(x,t)+d(x,t)+\frac{\partial s}{\partial t}\right] \quad (4\text{-}4)$$

将式(4-4)代入式(4-2),可以推导出控制系统的滑动模态方程:

$$\dot{x}(t) = \left[I - g(x,t)\left[\left(\frac{\partial s}{\partial x}\right)^{\mathrm{T}} g(x,t)\right]-1\left(\frac{\partial s}{\partial x}\right)^{\mathrm{T}}\right](f(x,t)+d(x,t)) -$$
$$g(x,t)\left[\left(\frac{\partial s}{\partial x}\right)^{\mathrm{T}} g(x,t)\right]-1\left(\frac{\partial s}{\partial t}\right)^{\mathrm{T}} \quad (4\text{-}5)$$

假设存在 $d(t)$ 满足:

$$d(t) = g(x,t)\left[\frac{\partial s}{\partial x}g(x,t)\right]-1\frac{\partial s}{\partial x}d(t) \quad (4\text{-}6)$$

此时,式(4-5)与扰动项 $d(t)$ 无关。

假设存在 K 使得式(4-7)成立:

$$d(t) = g(x,t)K \quad (4\text{-}7)$$

此时式(4-6)成立,则式(4-7)通常被称作滑动模态的匹配条件。

4.1.2 基于传统滑模控制的位置环控制器设计

根据单点电磁悬浮控制系统数学模型可知,取状态变量 $x_1=c(t)$,$x_2=\dot{c}(t)$,控制输入 $u=i(t)$,则悬浮控制系统位置外环子系统的状态空间方程为

$$\begin{cases} \dot{x}_1 = x_2 \\ \dot{x}_2 = a_0 x_1 + b_0 u + df_{\mathrm{d}} \\ y = x_1 \end{cases} \quad (4\text{-}8)$$

其中，$a_0 = k_c/m, b_0 = k_i/m, d = 1/m$。

滑模变结构控制器的设计主要包括两个部分：首先，通过设计合适的切换函数 s，使其所确定的滑动模态是渐近稳定的；其次，设计合适的变结构控制律，使得控制系统满足滑模变结构控制的可达性条件。这样的设计能够确保系统的状态轨线在有限时间内到达所设计的滑模面，并以适当的速度沿着滑模面渐进滑向平衡点。

针对满足式(4-8)的位置外环子系统，由于控制目标是使电磁铁部分在给定位置实现稳定悬浮，因此 $x_1 \neq 0$，则无法直接选取 x_1、x_2 作为变量设计切换函数，相反，可以通过选取气隙误差 e_1 构建误差系统，误差系统为

$$
\begin{cases}
e_1 = x_r - x_1 \\
\dot{e}_1 = e_2 = -x_2 \\
\dot{e}_2 = -\dot{x}_2 = -a_0 x_1 - b_0 u - d f_d
\end{cases}
\tag{4-9}
$$

其中，x_r 为给定悬浮气隙。

针对误差系统满足式(4-9)，选取线性切换函数：

$$
s = s(e) = c_1 e_1 + e_2, c_1 > 0
\tag{4-10}
$$

选取指数趋近律：

$$
\dot{s} = -k_1 \mathrm{sgn}(s) - k_2 s, k_1, k_2 > 0
\tag{4-11}
$$

结合式(4-10)、式(4-11)，若忽略外界干扰项的影响，可得悬浮控制系统的滑模控制律为

$$
\begin{aligned}
u_0 &= u_{eq} + u_{vss} \\
&= -b_0^{-1}[c_1 x_2 + a_0 x_1 - k_1 \mathrm{sgn}(s) - k_2 s]
\end{aligned}
\tag{4-12}
$$

式中，$u_{eq} = -b_0^{-1}[c_1 x_2 + a_0 x_1]$、$u_{vss} = -b_0^{-1}[-k_1 \mathrm{sgn}(s) - k_2 s]$ 分别为等效控制律和切换控制律，其中，切换控制律用于实现对不确定性以及外加扰动的鲁棒控制。

上述讨论内容基于系统不存在外界扰动的情况，但实际工程应用中，

系统的内部不确定性以及外界干扰项对控制系统的控制性能有很大影响,现将 $f_d(t)$ 项考虑在内,假设 $|f_d| \leqslant D$,D 为正常数,即假设扰动项有界,结合式(4-11)和式(4-12),可得

$$\dot{s} = u_s + f_d \qquad (4-13)$$

其中 $u_s = -k_1 \mathrm{sgn}(s) - k_2 s$,定义 Lyapunov 函数 $V_d = \dfrac{1}{2}s^2$,求导可得

$$
\begin{aligned}
\dot{V}_d &= s * \dot{s} \\
&= s * [-k_1 \mathrm{sgn}(s) - k_2 s + f_d] \\
&\leqslant [-k_1 \mathrm{sgn}(s) * s - k_2 s^2 + D * |s|] \\
&\leqslant -k_2 s^2 + D * |s| \\
&= -[k_2 |s| - D] * |s| \qquad (4-14)
\end{aligned}
$$

为了满足控制系统的稳定性条件,对式(4-14)有 $k_2 |s| - D \geqslant 0$,即 $|s| \geqslant D/k_2$,当滑模变量满足 $|s| \geqslant D/k_2$ 条件时,$\dot{V}_d \leqslant 0$ 成立,此时 s 将逐渐收敛至误差界 $|s| = D/k_2$,即当干扰项 $f_d \neq 0$ 时,控制系统的滑模变量 s 将无法收敛至所设计的滑模面上,此时系统存在滑模变量的稳态误差界为 $|s| \leqslant D/k_2$。为了解决这一问题,引入扩张状态观测器对滑模控制中存在的外界扰动进行观测和补偿。

4.1.3 基于改进滑模控制的位置环控制器设计

由于控制系统的外界扰动在实际中无法忽略,取式(4-8)中 df_d 项为控制系统另一新的参数,令 $x_3 = df_d$,$\dot{x}_3 = h$,假设扰动项有界,则有 $\lim_{t \to \infty} \dot{x}_3 = 0$,此时新构建的控制系统扩张状态空间表达式为

$$
\begin{cases}
\dot{x}_1 = x_2 \\
\dot{x}_2 = a_0 x_1 + b_0 u + x_3 \\
\dot{x}_3 = h
\end{cases}
\qquad (4-15)
$$

取控制系统的观测器增益矩阵为 $\boldsymbol{L} = [\beta_1, \beta_2, \beta_3]^{\mathrm{T}}$,则此时可建立上述控制系统的状态观测器为

$$\begin{cases} \varepsilon_1 = z_1 - x_1 \\ \dot{z}_1 = z_2 - \beta_1 \varepsilon_1 \\ \dot{z}_2 = z_3 + ax_1 + bu - \beta_2 \varepsilon_1 \\ \dot{z}_3 = -\beta_3 \varepsilon_1 \end{cases} \tag{4-16}$$

式中,z_1, z_2, z_3 分别为控制系统状态量 x_1, x_2, x_3 的观测估计值;$\beta_1, \beta_2,$ β_3 分别为所设计观测器的增益系数。

定义 $\varepsilon_1 = z_1 - x_1, \varepsilon_2 = z_2 - x_2, \varepsilon_3 = z_3 - x_3$,则对应控制系统的误差系统可表示为

$$\begin{cases} \dot{\varepsilon}_1 = \varepsilon_2 - \beta_1 \varepsilon_1 \\ \dot{\varepsilon}_2 = \varepsilon_3 - \beta_2 \varepsilon_1 \\ \dot{\varepsilon}_3 = -\dot{x}_3 - \beta_3 \varepsilon_1 \end{cases} \tag{4-17}$$

即 $\dot{\boldsymbol{\varepsilon}} = \boldsymbol{A} \times \boldsymbol{\varepsilon} - \boldsymbol{B} \times \dot{x}_3$,其中,$\boldsymbol{A} = \begin{bmatrix} -\beta_1 & 1 & 0 \\ -\beta_2 & 0 & 1 \\ -\beta_3 & 0 & 0 \end{bmatrix}, \boldsymbol{\varepsilon} = \begin{bmatrix} \varepsilon_1 \\ \varepsilon_2 \\ \varepsilon_3 \end{bmatrix}, \boldsymbol{B} = \begin{bmatrix} 0 \\ 0 \\ 1 \end{bmatrix}$。

由式(4-17)进一步推导出状态观测器的特征值方程为

$$\det(\lambda \boldsymbol{I} - \boldsymbol{A}) = \lambda^3 + \beta_1 \lambda^2 + \beta_2 \lambda + \beta_3 \tag{4-18}$$

为使观测器的估计值更加贴合实际系统状态值,式(4-17)所示状态观测器误差系统需要在有限时间内收敛于 0。通过劳斯稳定性判据可知,若状态观测器参数取值恰当,式(4-18)所表示的特征根的实部都将为负数,即所有根都位于复平面的左半部分。这意味着系统的动态响应不会随时间衰减而增长,从而保证观测器系统的稳定性。结合赫尔维兹稳定判据可知,当 $\beta_1, \beta_2, \beta_3$ 均大于 0,且 $\beta_1 \beta_2 > \beta_3$,$\dot{x}_3$ 在 $t \to \infty$ 极限为 0 时,此时所设计的状态观测器是稳定的。

为降低观测器参数调节的复杂度,通过基于带宽法的线性扩张状态观测器来确定参数值,即

$$\det(\lambda I - A) = (s + \omega_0)^3 \tag{4-19}$$

将式(4-19)展开可得

$$\det(\lambda I - A) = s^3 + 3s^2\omega_0 + 3s\omega_0{}^2 + \omega_0{}^3 \tag{4-20}$$

结合式(4-18)和式(4-20)可知,$\beta_1 = 3\omega_0$,$\beta_2 = 3\omega_0{}^2$,$\beta_3 = \omega_0{}^3$,其中,ω_0 为观测器带宽。通过适当配置观测器的参数,可以将系统的极点全部移至复平面的左半部分,从而确保观测器的稳定性和跟踪估计能力。

将 $\beta_1 = 3\omega_0$,$\beta_2 = 3\omega_0{}^2$,$\beta_3 = \omega_0{}^3$ 代入式(4-16)可得观测估计值的传递函数为

$$\begin{cases} z_1 = \dfrac{3\omega_0 s^2 + 3\omega_0{}^2 s + \omega_0{}^3}{(s + \omega_0)^3} y + \dfrac{b_0 s}{(s + \omega_0)^3} u \\[3mm] z_2 = \dfrac{(3\omega_0{}^2 s + \omega_0{}^3) s}{(s + \omega_0)^3} y + \dfrac{b_0 (s + 3\omega_0) s}{(s + \omega_0)^3} u \\[3mm] z_3 = \dfrac{\omega_0^3 s^2}{(s + \omega_0)^3} y - \dfrac{b_0 \omega_0{}^3}{(s + \omega_0)^3} u \end{cases} \tag{4-21}$$

将误差状态 $\varepsilon_1 = z_1 - x_1$,$\varepsilon_2 = z_2 - x_2$,$\varepsilon_3 = z_3 - x_3$ 代入式(4-17)和式(4-21)可得该观测器系统误差状态的传递函数为

$$\begin{cases} \varepsilon_1 = -\dfrac{s^3}{(s + \omega_0)^3} y + \dfrac{s}{(s + \omega_0)^3} b_0 u \\[3mm] \varepsilon_2 = -\dfrac{(3\omega_0 + s) s^3}{(s + \omega_0)^3} y + \dfrac{s}{(s + \omega_0)^3} b_0 u \\[3mm] \varepsilon_3 = \left[\dfrac{\omega_0^3}{(s + \omega_0)^3} - 1 \right] s^2 y + \left[1 - \dfrac{\omega_0^3}{(s + \omega_0)^3} \right] b_0 u \end{cases} \tag{4-22}$$

为简化分析复杂度,系统状态量 y、u 均取幅值为 K 的阶跃信号 K/s,则根据式(4-22),可得系统稳态误差表达式为

$$\begin{cases} \varepsilon_{1s} = \lim_{s\to0} s\varepsilon_1 = 0 \\ \varepsilon_{2s} = \lim_{s\to0} s\varepsilon_2 = 0 \\ \varepsilon_{3s} = \lim_{s\to0} s\varepsilon_3 = 0 \end{cases} \tag{4-23}$$

由式(4-23)分析可知，所设计的状态观测器具有良好的收敛性且能满足控制系统对状态量和扰动的无差估计。当式(4-15)中 b_0 取 0 时，由式(4-21)可得观测值 z_1 对 y 的响应为

$$z_1 = \frac{3\omega_0 s^2 + 3\omega_0^2 s + \omega_0^3}{(s+\omega_0)^3} \frac{K}{s}$$

$$= K\left[\frac{1}{s} - \frac{1}{s+\omega_0} + \frac{2\omega_0}{(s+\omega_0)^2} - \frac{\omega_0^2}{(s+\omega_0)^3}\right] \tag{4-24}$$

通过反拉氏变换可得式(4-24)的时域表达形式为

$$z_1(t) = K - K\left(\frac{1}{2}\omega_0^2 t^2 - 2\omega_0 t + 1\right)e^{-\omega_0 t} \tag{4-25}$$

可求得 $z_1(t)$ 的极点为

$$t_1 = (3-\sqrt{3})/\omega_0, \quad t_2 = (3+\sqrt{3})/\omega_0 \tag{4-26}$$

将式(4-26)代入式(4-25)可得

$$\begin{cases} z_1(t_1) = K(\sqrt{3}-1)e^{\sqrt{3}-3} + K \\ z_1(t_2) = K(-\sqrt{3}-1)e^{-\sqrt{3}-3} + K \end{cases} \tag{4-27}$$

经计算可知：$z_1(t_1) \approx 1.206K$，$z_1(t_2) \approx 0.976K$。

由式(4-26)可知，观测器系统的响应速度与带宽 ω_0 的选取密切相关。ω_0 取值越大，系统的响应时间越短。因此，为了满足观测器的观测跟踪性能，希望 ω_0 值的选取应尽可能大。但在实际应用中，ω_0 取值过大可能会导致系统对观测噪声非常敏感。下面将着重分析观测量的噪声 σ_0 以及输出端扰动 σ_c 对观测器性能的影响。

由式(4-21)可得观测量的噪声 σ_0 对实际观测值 z_1 的传递函数为

$$\frac{z_1}{\sigma_0} = \frac{3\omega_0 s^2 + 3\omega_0^2 s + \omega_0^3}{(s + \omega_0)^3} \tag{4-28}$$

通过分别对 ω_0 取值为 100、200、300、400、500、600，得到如图 4-1 所示的不同带宽下观测量噪声的频域特性曲线。

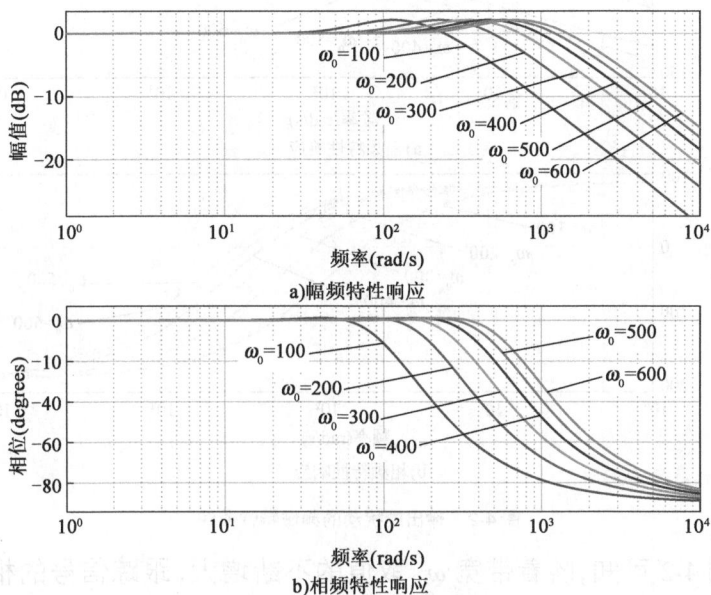

图 4-1　观测量噪声的频域特性曲线

由图 4-1 可知，随着带宽 ω_0 取值的不断增大，观测器系统的响应速度加快。然而，这也意味着系统的高频带增益值会随之增大，导致跟踪信号中的噪声放大作用变得更加明显。

同理，由式 (4-21) 可得输出端扰动 σ_c 对实际观测值 z_1 的传递函数以及系统对扰动估计量 z_3 的传递函数。

输出端扰动 σ_c 对实际观测值 z_1 的传递函数为

$$\frac{z_1}{\sigma_c} = \frac{b_0 s}{(s + \omega_0)^3} \tag{4-29}$$

当 b_0 取 10 时，分别对 ω_0 取值 100、200、300、400、500、600，则可得不

同带宽下输出端扰动的频域特性曲线,如图4-2所示。

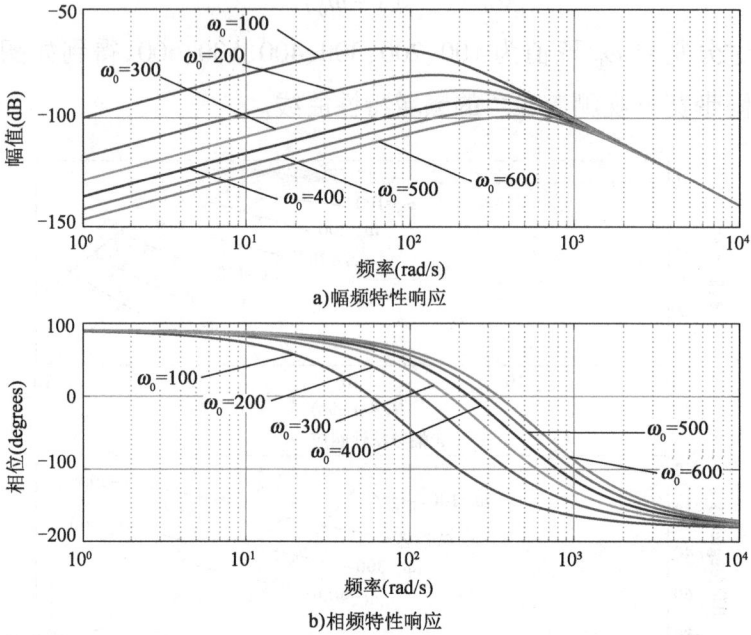

图4-2 输出端扰动的频域特性曲线

由图4-2可知,随着带宽ω_0取值的不断增大,跟踪信号的相位滞后逐渐减小,与图4-1不同,输出端扰动的高频带增益值并不会因带宽ω_0的取值增大而改变,这也就说明扩张状态观测器对输出端扰动σ_c有较好的抑制能力。

系统对扰动估计量z_3的传递函数为

$$\frac{z_3}{x_3} = \frac{\omega_0^3}{(s+\omega_0)^3} \tag{4-30}$$

分别对ω_0取值100、200、300、400、500、600,则可得不同带宽下系统对扰动估计量z_3的频域特性曲线,如图4-3所示。

由图4-3可知,随着带宽ω_0取值的不断增大,观测器系统的响应速度加快,对控制系统外部总扰动量的估计误差值也逐渐减小,然而,系统的高频带增益值也随之增大,这一点与图4-1表现出相同的特性,同样会导致跟踪信号中的噪声放大作用更加明显。

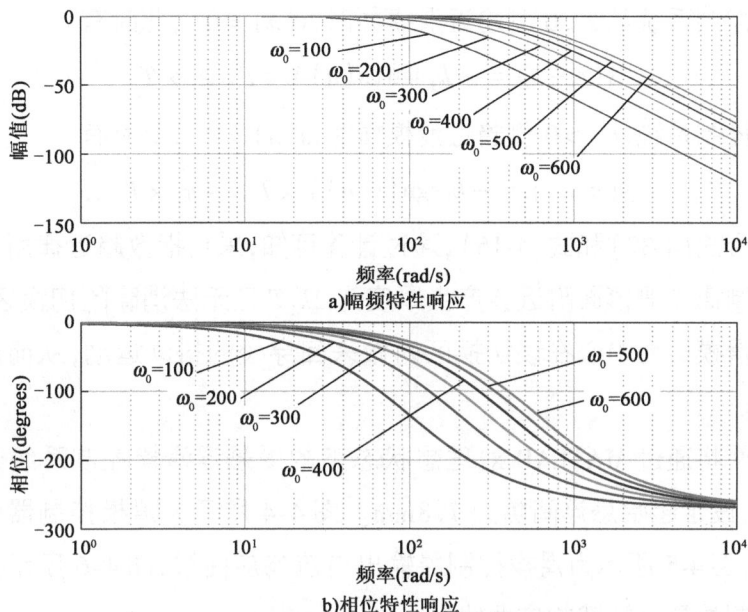

a)幅频特性响应

b)相位特性响应

图 4-3　系统对扰动估计量 z_3 的频域特性曲线

　　综上所述,带宽 ω_0 取值应在不影响控制器对控制系统性能的前提下,尽可能取小,避免干扰噪声对控制系统的影响。

　　通过观察式(4-12)可以发现,由于控制律 u_0 中含有符号函数 $\mathrm{sgn}(s)$,使得该控制律成为不连续函数。因此,在此控制律的作用下,控制系统将在不同的控制逻辑之间来回切换,导致系统在滑模面上无法实现理想的滑动模态运动。由于切换过程中无法避免延迟和滞后的问题,控制系统往往表现出来回穿梭的抖动运动,这就是控制系统中常见的抖振现象。

　　为研究滑模面附近所产生的切换区厚度,将式(4-11)离散化后可得

$$\frac{s(n+1)-s(n)}{T}=-k_1\mathrm{sgn}(s(n))-k_2s(n) \qquad (4-31)$$

式中,$s{\rightarrow}0$;T 为采样周期。

当控制系统从 $s<0$ 侧趋近滑模面时,$s(n)=0^-$,此时有

$$s(n+1)=-k_1\mathrm{sgn}(s(n))\times T=k_1\times T \qquad (4\text{-}32)$$

当控制系统从 $s>0$ 侧趋近滑模面时,$s(n)=0^+$,此时有

$$s(n+1)=-k_1\mathrm{sgn}(s(n))\times T=-k_1\times T \qquad (4\text{-}33)$$

结合式(4-32)和式(4-15),通过计算可知,采用指数趋近律所设计的滑模控制律在滑模面附近会产生厚度为 $2k_1T$ 且无法消除的切换区,控制系统以滑模面为中心在该切换区内做来回穿梭的抖动运动,从而产生抖振现象。

下面将通过 MATLAB 对理想状态下的磁悬浮滑模控制系统进行仿真实验,设定起始悬浮间隙为 7.8mm。图 4-4 所示为滑模控制器的滑模面曲线,图 4-5 所示为滑模控制器输出电流响应曲线,图 4-6 所示为采用滑模控制的悬浮间隙响应曲线。

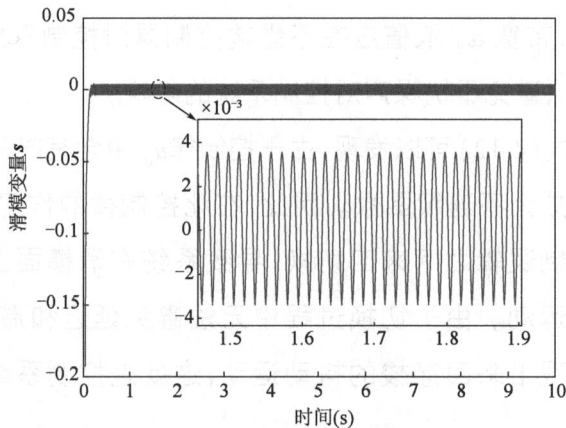

图 4-4 滑模控制器的滑模面曲线

通过图 4-4 所示滑模面曲线可知,控制系统运行后,控制系统状态从起始点开始做趋近滑模面运动,系统状态量在到达滑模面后沿着滑模面来回穿梭,产生了剧烈抖动,切换区厚度约为 0.07mm。

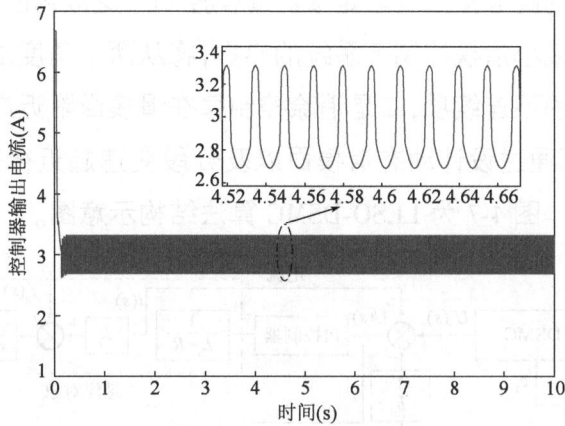

图 4-5　滑模控制器输出电流响应曲线

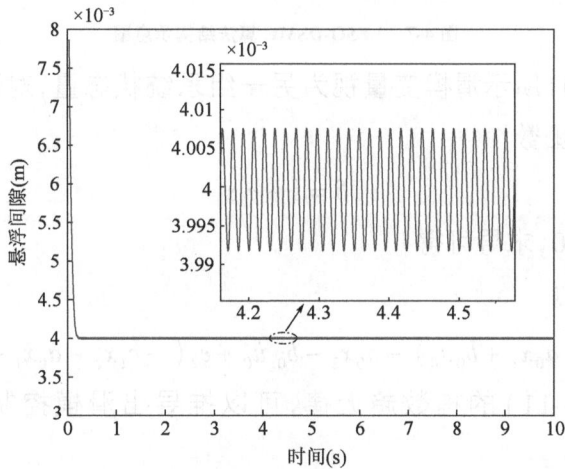

图 4-6　采用滑模控制的悬浮间隙响应曲线

由图 4-5 可知,控制系统在到达滑模面后,同样发生剧烈抖动现象,这也就导致了控制系统输出响应的不连续。

由图 4-6 可知,单点电磁悬浮控制系统起始位置悬浮间隙为 7.8mm, 0.2s 时刻系统到达指定悬浮间隙处。然而,由于控制器输出响应的不连续,单点电磁悬浮控制系统的间隙响应曲线也在平衡位置呈现一定幅度的抖振。

上述讨论的高频抖振现象是限制滑模控制广泛应用的主要因素。为了最大限度地减小滑模控制下系统的抖振,将从两个角度出发:一是避免滑模控制律中的不连续项,二是消除控制律在滑模面附近产生的切换区。具体来说,分别通过设计动态滑模面以及分段变速趋近律来达到减小系统抖振的目的。图4-7为LESO-DSMC算法结构示意图。

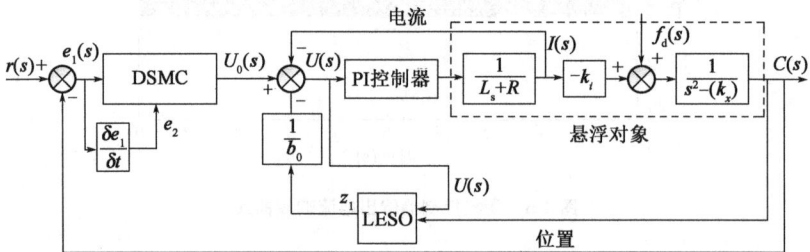

图4-7　LESO-DSMC算法结构示意图

将式(4-10)所示滑模变量视为另一组系统状态量,对该变量重新设计一滑模切换函数:

$$\delta = \dot{s} + c_2 s \tag{4-34}$$

其中,$c_2 > 0$,求导可得

$$\dot{\delta} = \ddot{s} + c_2 \dot{s}$$

$$= -c_1 (a_0 x_1 + b_0 u_0) - a_0 x_2 - b_0 \dot{u}_0 + c_2 (-c_1 x_2 - a_0 x_1 - b_0 u_0) \tag{4-35}$$

结合式(4-11)的指数趋近律,可以推导出滑模控制律的一阶导数为:

$$\dot{u}_0 = -b_0 -1 [(c_1 + c_2)(a_0 x_1 + b_0 u_0) + (a_0 + c_1 c_2) x_2 - k_1 \mathrm{sgn}(\delta) - k_2 \delta] \tag{4-36}$$

由式(4-34)可以看出,原本会引起控制系统产生抖振的符号函数在控制律的一阶导数中,通过对其进行积分,控制律中不再含有符号函数这一不连续项,避免了系统的不连续控制。

由于指数趋近律中等速项 $-k_1 \mathrm{sgn}(s)$ 的滑模增益 k_1 为常数,即该等速项与系统距离滑模面的距离无关。当系统处于滑动模态时,该等速项会使系统在滑模面上的切换运动轨迹呈带状,从而导致系统状态最终无法收敛至 0,只能在滑模面附近产生一个宽度与等速项的滑模增益呈正相关的抖振区间。为消除控制律在滑模面附近产生的切换区,将控制系统的误差状态量引入趋近律设计中,取如下变速趋近律形式:

$$\dot{s} = -k_1 \parallel e \parallel_1 \mathrm{sgn}(s) \tag{4-37}$$

其中,$\parallel e \parallel_1$ 为控制系统误差变量的状态范数,将式(4-37)离散化后可得

$$\frac{s(n+1) - s(n)}{T} = -k_1 \parallel e \parallel_1 \mathrm{sgn}[s(n)] \tag{4-38}$$

式中,$s \to 0$,T 为采样周期。

当控制系统状态从 $s < 0$ 侧趋近滑模面时,$s(n) = 0^-$,此时有

$$s(n+1) = k_1 \parallel e \parallel_1 \times T \approx 0 \tag{4-39}$$

当控制系统状态从 $s > 0$ 侧趋近滑模面时,$s(n) = 0^+$,此时有

$$s(n+1) = -k_1 \parallel e \parallel_1 \times T \approx 0 \tag{4-40}$$

式(4-38)可以保证任意系统状态量都将优先做趋近于滑模面的趋近运动,且运动过程中不会穿过滑模面,结合式(4-39)和式(4-40),通过计算可知,采用变速趋近律时,系统在滑模面附近所产生的切换区厚度为 $2k_1 \parallel e \parallel_1 \times T$。由于 $\parallel e \parallel_1$ 为控制系统误差变量的状态范数,而系统的控制目标是系统误差逐渐减小直至 0,因此由变速趋近律所产生的切换区厚度是可变的,该切换区夹在两个超平面 $s = k_1 \parallel e \parallel_1 \times T$ 以及 $s = -k_1 \parallel e \parallel_1 \times T$ 之间。图 4-8 所示为由变速趋近律所产生的扇形切换区。

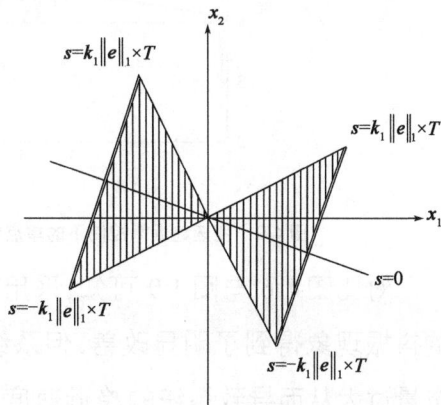

图 4-8　变速趋近律的扇形切换区

由图4-8可知该切换区在原点处的厚度为0,即控制系统最终能收敛稳定在原点处。变速趋近律相较指数趋近律而言,其所含有的系统状态量可以使系统在离滑模面较远时具有较快的趋近速度,且趋近速度恒为 $k_1\|e\|_1$,系统的状态范数会随着距离滑模面的远近而变化,从而在滑模面附近产生一扇形切换区,且系统状态为0时,该切换区厚度为0,即系统状态最终可以收敛至0。

变速趋近律相较指数趋近律而言,其优点在于趋近速度会随着系统状态的变化而动态调整,有效削弱了系统在滑动模态的抖振;但不足之处在于,当变速趋近律增益设置过高,或者系统状态量过大时,可能会导致滑动模态初期的趋近速度过快,从而导致在趋近模态向滑动模态切换时产生较大超调,影响控制系统的动态性能。图4-9所示为变速趋近律控制下的单点电磁悬浮控制系统悬浮间隙响应曲线。

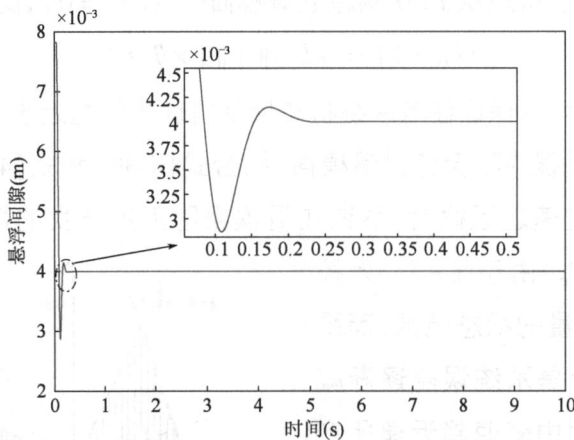

图4-9 变速趋近律控制下的单点电磁悬浮控制系统悬浮间隙响应曲线

对比图4-6与图4-9可知,采用变速趋近律的控制系统在最终稳态下的抖振现象得到了明显改善,但系统在0.1s刚进入滑动模态时,系统状态量过大从而导致系统的趋近速度过大,在由趋近模态向滑动模态转换时产生较大超调,从而影响控制系统的动态性能。

为减小切换过程中过大的超调,将式(4-8)中表示单点电磁悬浮控制系统速度状态量的 x_2 项引入趋近律设计中,可得

$$\dot{s} = \begin{cases} -k_1 \parallel e \parallel_1 \mathrm{sgn}(s) - \dfrac{k_2}{|x_2| + \lambda}\mathrm{sgn}(s), & |s| \geqslant \theta \\[3mm] -k_3 \parallel e \parallel_1 \mathrm{sgn}(s), & |s| < \theta \end{cases} \tag{4-41}$$

式中, k_1、k_2、k_3、$\lambda > 0$,x_2 为系统状态变量。

如式(4-41)所示,以 θ 为分界点,将趋近过程分为 $|s| \geqslant \theta$、$|s| < \theta$ 两个阶段。$|s| \geqslant \theta$ 时,即系统距离滑模面较远,通过引入 $1/(|x_2| + \lambda)$ 来抑制系统由趋近模态转换为滑动模态时的趋近速度。当单点电磁悬浮控制系统起浮时,系统距离滑模面较远,此时悬浮控制系统速度较大,即 $|x_2|$ 较大,则 $1/(|x_2| + \lambda)$ 项数值较小,对系统初始趋近速度影响较小,从而系统可以在此阶段保持较大的趋近速度;随着悬浮控制系统距离平衡位置的距离逐渐减小,系统速度量 $|x_2|$ 也随之减小,则 $1/(|x_2| + \lambda)$ 项数值逐渐增大,可有效减小系统趋近速度,从而减小控制系统从趋近模态向滑动模态切换时产生的超调。$|s| < \theta$ 时,采用较小增益的变速趋近律,系统以较小的趋近速度进入滑动模态,随着系统状态量逐渐收敛至 0,悬浮控制系统最终在平衡点处实现稳定悬浮。

结合式(4-9)、式(4-35)、式(4-41)可得

$$\dot{u}_0 = \begin{cases} -b_0{}^{-1}\Big[(c_1 + c_2)(a_0 x_1 + b_0 u_0) + (a_0 + c_1 c_2)x_2 - \\ \qquad \Big(k_1 \parallel e \parallel_1 + \dfrac{k_2}{|x_2| + \lambda}\Big)\mathrm{sgn}(\delta)\Big] & (|\delta| \geqslant \theta) \\[3mm] -b_0{}^{-1}\Big[(c_1 + c_2)(a_0 x_1 + b_0 u_0) + (a_0 + c_1 c_2)x_2 - \\ \qquad k_3 \parallel e \parallel_1 \mathrm{sgn}(\delta)\Big] & (|\delta| < \theta) \end{cases} \tag{4-42}$$

式中, $\dot{u}_0$ 为动态滑模控制律的一阶导数。

根据式(4-21)可得

$$\dot{z}_2 = -\beta_2 \varepsilon_1 + a_0 x_1 + b_0 u_0 + z_3$$

$$= -\beta_2 \varepsilon_1 + a_0 x_1 + b_0 \left(u_0 + \frac{1}{b_0} z_3 \right) \tag{4-43}$$

由式(4-42)可知,为消除扰动项对控制律的影响,可通过设计系统控制律 u 为

$$u = u_0 - \frac{z_3}{b_0} \tag{4-44}$$

式中, u_0 为动态滑模控制律; z_3 为扩张状态观测器对系统总扰动量的观测估计值; b_0 为决定观测器补偿控制强弱的"补偿增益",可通过适当调节 b_0 值以达到调节观测器补偿控制的目的。

4.1.4 稳定性分析

动态滑模控制系统可以启动滑模状态的前提是趋近律满足可达性,即

$$\lim_{x \to +0} \dot{s} < 0, \lim_{x \to -0} \dot{s} > 0 \Rightarrow \dot{s}s < 0 \tag{4-45}$$

取 Lyapunova 函数为 $V = \frac{1}{2}s^2$,求导可得 $\dot{V} = s\dot{s}$。

设计分段变速趋近律:

$|s| \geqslant \theta$ 时,

$$\dot{V} = s\dot{s} = s \left(-k_1 e_1 \mathrm{sgn}(s) - \frac{k_2}{|x_2| + \lambda} \mathrm{sgn}(s) \right)$$

$$= -s\mathrm{sgn}(s) \left(k_1 e_1 + \frac{k_2}{|x_2| + \lambda} \right) \leqslant 0 \tag{4-46}$$

$|s| < \theta$ 时,

$$\dot{V} = s\dot{s} = s \left(-k_3 \parallel e \parallel_1 \mathrm{sgn}(s) \right) = -s\mathrm{sgn}(s) \left(k_3 \parallel e \parallel_1 \right) \leqslant 0 \tag{4-47}$$

显然当 $s \neq 0$ 时,新设计的分段变速趋近律在全区域内可以满足滑模到达条件 $\dot{s}s < 0$,则系统可在有限时间内到达滑模面,并最终使得悬浮控

制系统稳定在平衡点处。

4.2　滑模控制器仿真实验

为验证所设计的 LESO-DSMC(分段变速趋近滑模控制)控制器在单点电磁悬浮控制系统中应用的优越性,将 LESO-DSMC 控制器作为单点电磁悬浮控制系统的位置外环控制器,并与 ESMC(指数趋近滑模控制)和 VSSMC(变速趋近滑模控制)控制器进行对比实验。仿真实验设计方案如下:

(1)滑模变量特性对比:将三种不同滑模控制趋近律的滑模变量进行对比,分别从趋近滑模面时间及滑动模态运动状态两个方面分析,比较三种不同趋近律的动态性能。

(2)阶跃响应实验:给定稳定悬浮间隙,根据系统稳态值、上升时间、峰值时间、超调量及调整时间等指标,比较三种不同控制器的动态性能。

(3)跟踪响应实验:改变给定悬浮间隙值,将 4mm 悬浮间隙值改为 5mm 悬浮间隙值,分析对比三种不同控制器的跟踪响应性能。

(4)抗扰性实验:针对单点电磁悬浮控制系统在实际工作环境运行中极易受到外界扰动的情况,为验证三种不同控制器的抗扰动能力,在 2s 至 6s 时间段内对控制系统施加等量阶跃干扰信号,根据调节时间、超调量及稳态值等指标,比较三种不同控制器的抗扰性能。

为使得对比试验更加合理客观,上述三种控制器均与采用相同参数($K_P = 1300$,$K_I = 0.005$)的 PI 控制器构成悬浮控制系统的位置-电流双闭环控制器。悬浮控制系统仿真结构如图 4-10 ~ 图 4-12 所示。

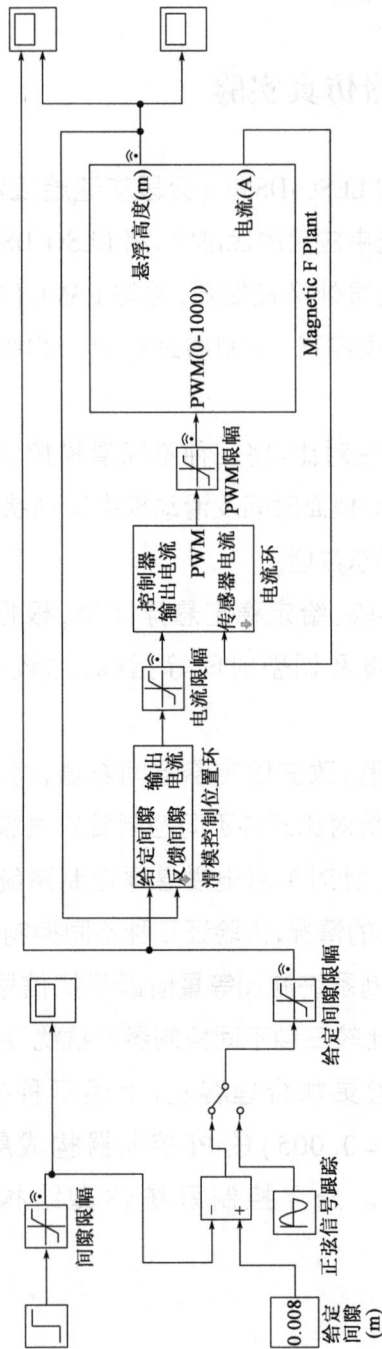

图 4-10 单点电磁悬浮控制系统仿真结构

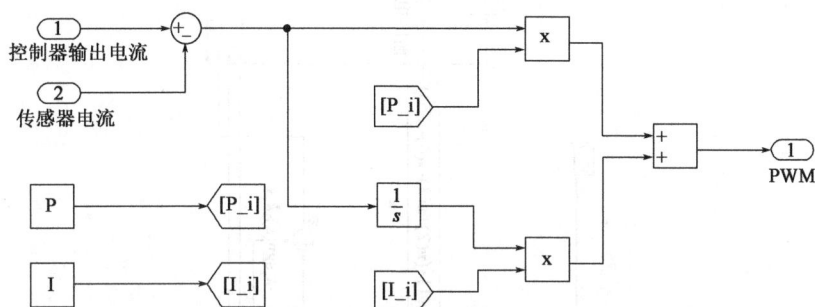

图 4-11　单点电磁悬浮控制系统电流环仿真结构

三种控制器仿真参数如表 4-1 所示。

控制器仿真参数　　　　　　　　　　　　表 4-1

控制器	参数
ESMC	$c_1 = 15, k_1 = 0.5, k_2 = 10$
VSSMC	$c_1 = 15, k_1 = 35$
LESO-DSMC	$c_1 = 15, c_2 = 8, k_1 = 35, k_2 = 200,$ $k_3 = 10, \lambda = 14, \theta = 0.02, \omega_0 = 240$

4.2.1　滑模变量特性仿真对比

不同趋近律下滑模变量 s 的动态响应曲线如图 4-13 所示。

由图 4-13 可知,采用三种不同趋近律的悬浮控制系统均可以在较短时间内到达滑模面。其中,采用指数趋近律到达滑模面的趋近时间约为 0.125s,且在滑模面附近形成幅值为 0.003 的抖振区间;采用变速趋近律到达滑模面的趋近时间约为 0.05s,但在到达滑模面初期存在 40% 左右的较大超调,导致系统的调节时间过长,约为 0.175s;采用分段变速趋近律到达滑模面的趋近时间约为 0.075s,系统状态量在到达滑模面后并未作穿梭运动,因此不存在超调。

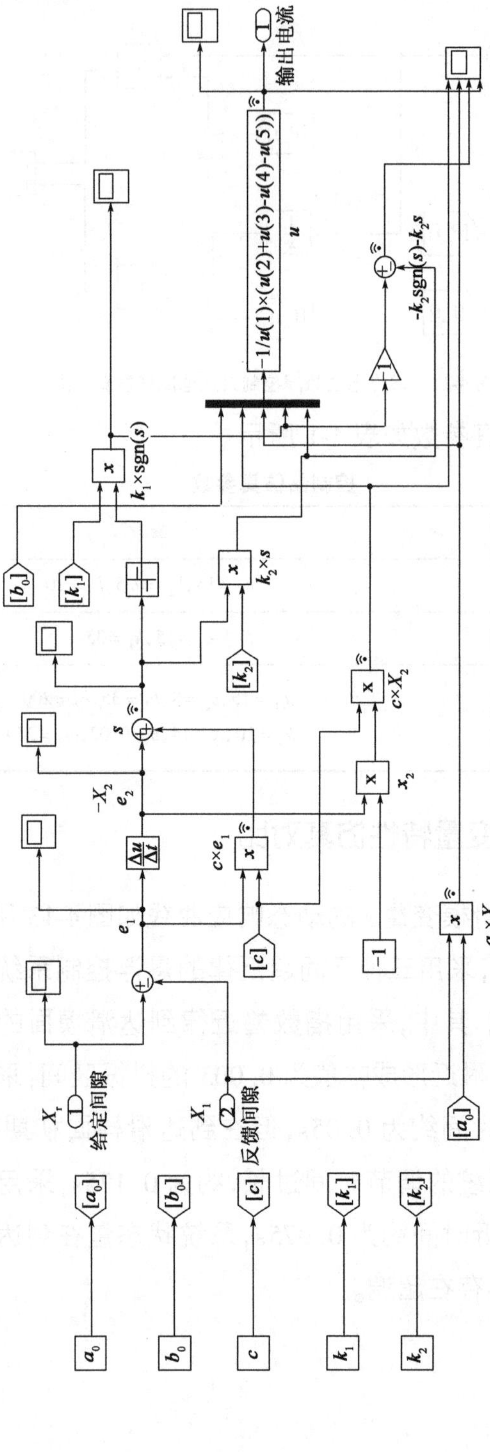

图 4-12 单点电磁悬浮控制系统位置环仿真结构

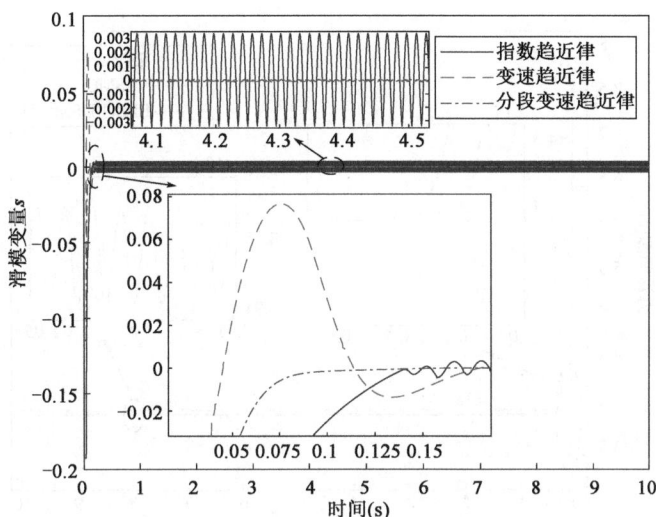

图 4-13 不同趋近律下滑模变量 s 的动态响应曲线

通过对比分析不难发现:变速趋近律到达滑模面的趋近时间最短,其次是分段变速趋近律,而指数趋近律则相对较慢;指数趋近律在滑模面附近存在较大幅度的高频抖振,而变速趋近律虽响应快但存在显著超调,导致系统需要更长的调节时间来稳定;分段变速趋近律在到达滑模面后表现出最好的稳定性,不存在超调现象。综上所述,从趋近时间以及稳态性能两个方面考虑,选择分段变速趋近律进行单点电磁悬浮控制系统控制器设计将更能满足系统的控制性能要求。

4.2.2 阶跃响应仿真实验

如图 4-14 所示,表现了悬浮控制系统从初始间隙 8mm 到达给定悬浮间隙 4mm 位置处静态悬浮间隙响应曲线。

如图 4-15 所示,表现了悬浮控制系统从初始间隙 8mm 到达给定悬浮间隙 4mm 位置处的控制器输出量响应曲线。

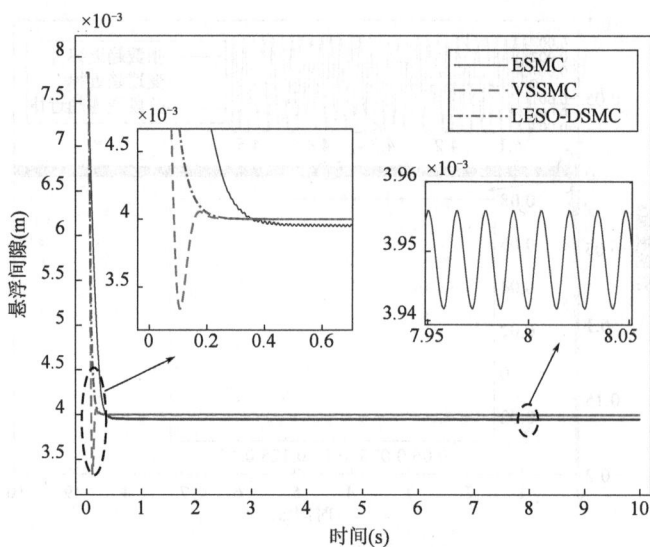

图 4-14　静态悬浮间隙响应曲线

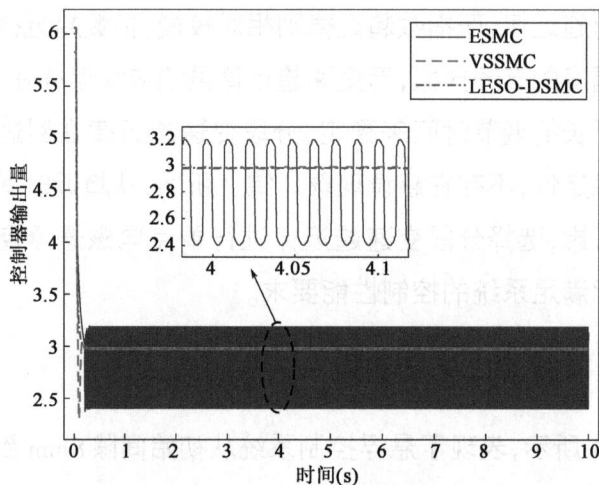

图 4-15　静态悬浮控制器输出量响应曲线

由图 4-14、图 4-15 可知,若以系统响应到达并保持在给定值的 ±2%
作为系统稳定的判定准则,则三种不同滑模控制器均能使单点电磁悬浮
控制系统实现稳定悬浮。其中在 ESMC 作用下,系统几乎无超调,调节时

间为 0.5s,然而,由于指数趋近律较大的等速项增益使得系统控制量产生高频大幅值抖动,导致单点电磁悬浮控制系统在平衡点处存在 0.05mm左右的抖振误差;在 VSSMC 作用下,系统上升时间约为 0.1s,但由于到达滑模面时系统的趋近速度较大,导致系统在滑动模态初期存在 18% 左右的超调,即系统存在 0.7mm 的超调,过大的超调导致控制系统需要 0.2s左右的调节时间来稳定系统,系统最终无稳态误差;在 LESO-DSMC 作用下,单点电磁悬浮控制系统的上升时间为 0.2s 左右,趋近律中的 $1/(|x_2|+\lambda)$ 项有效地削弱了系统在即将到达滑模面时的趋近速度,从而系统在滑动模态初期无超调产生,且系统最终无稳态误差。

　　根据仿真实验结果可以得出,ESMC 虽能使单点电磁悬浮控制系统实现稳定悬浮,但响应速度较慢,且系统在最终稳态下存在的高频抖振,极易导致单点电磁悬浮控制系统受外界扰动影响,不利于系统的稳定控制;虽然 VSSMC 的响应速度快于 ESMC 以及 LESO-DSMC,但由于系统存在较大的超调,因此需要较长的时间来调节系统稳定;LESO-DSMC 的响应速度较快,且系统无超调产生,因此可以保证单点电磁悬浮控制系统快速平稳无超调地实现给定悬浮间隙处的稳定悬浮。

4.2.3　跟踪响应仿真实验

　　为模拟实际中单点电磁悬浮控制系统对不同悬浮间隙的工作要求,在系统实现给定 4mm 悬浮间隙处稳定悬浮后,在 $t=3$s 时刻,给定系统5mm 的方波间隙信号,对比三种不同控制算法的跟踪响应性能,跟踪仿真实验结果如图 4-16 所示。

　　由图 4-16 可知,当控制系统悬浮间隙发生突变时,三种控制算法均可以实现稳定跟踪悬浮。其中,在 ESMC 作用下,系统的响应时间约为0.8s,无超调但存在稳态误差;在 VSSMC 作用下,系统的响应时间较快,约为 0.1s,但存在 10% 左右的超调,由于过大超调的存在,系统存在 0.3s

左右的调节时间;在 LESO-DSMC 作用下,系统的响应时间约为 0.1s,且系统无超调产生。

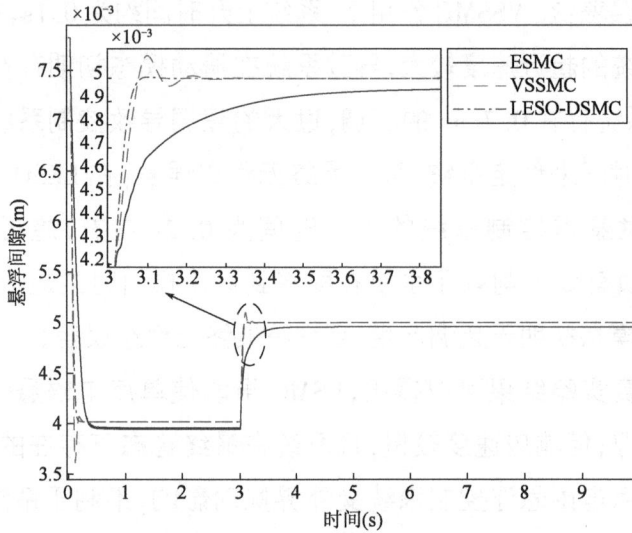

图 4-16　跟踪悬浮响应曲线

综上所述,在三种控制方法作用下,LESO-DSMC 作用下的系统跟踪响应时间最短,且几乎不存在跟踪响应超调。因此,采用该控制算法的悬浮控制系统可具有良好的跟踪响应性能。

4.2.4　抗扰性仿真实验

为模拟单点电磁悬浮控制系统在运行过程中受到未知扰动的影响,在系统实现稳定悬浮后的 2s 时对系统控制量突加幅值为 1A 的阶跃干扰电流信号,在 6s 时消除电流干扰,以此测试 LESO-DSMC 算法抑制外界扰动的能力。施加阶跃干扰电流作用下单点电磁悬浮控制系统响应曲线如图 4-17 所示。

由图 4-17 可知,在施加阶跃电流干扰信号后,三种不同控制器均具备一定的抗干扰性能。当干扰电流信号作用于单点电磁悬浮控制系统时,在 ESMC 作用下,系统达到一个新的平衡位置:3.8mm,直至干扰信号撤出才恢复为原稳态；在 VSSMC 作用下，系统的位置变化量约为 0.45mm，调节时间为 0.3s；在 LESO-DSMC 作用下，系统的位置变化量约为 0.1mm，调节时间为 0.2s，这两个指标均小于另外两种控制算法，相比 VSSMC，超调量减小 77%。

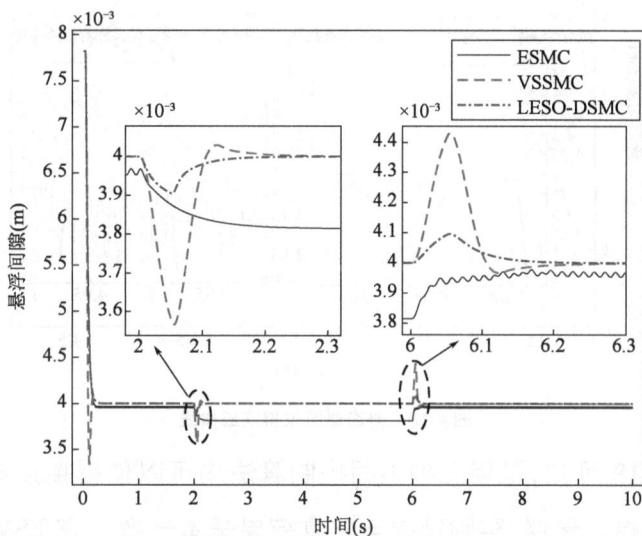

图 4-17　阶跃电流干扰下位置响应曲线

4.3　滑模控制算法实验分析

为了验证 LESO-DSMC 算法在单点电磁悬浮控制系统中的应用效果，在所设计的单点电磁悬浮控制系统上进行硬件实验。将 LESO-DSMC 算法应用于位置外环子系统控制器中，与 ESMC 以及 VSSMC 算法进行给定位置静态悬浮响应实验、跟踪响应实验以及突变负载实验，并通过对比实验结果进行控制性能分析。

4.3.1　给定位置静态悬浮实验

给定悬浮间隙为 4mm，图 4-18 所示为三种控制方法作用下的单点电磁悬浮控制系统从初始位置到达给定悬浮间隙的位置响应曲线。

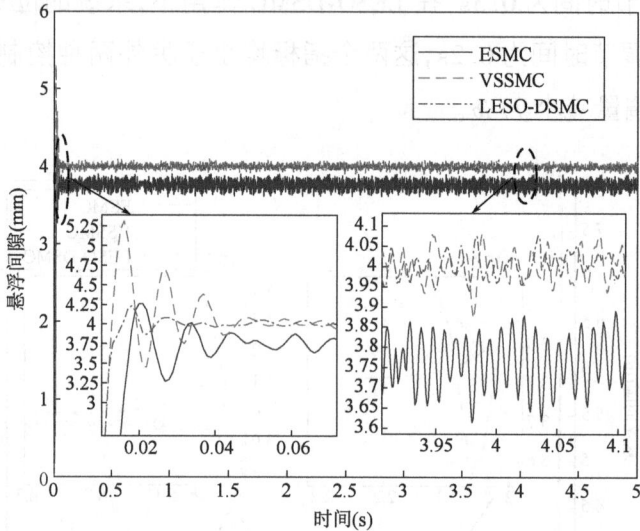

图4-18　静态悬浮位置响应曲线

由图4-18可知,采用三种不同控制算法均可以使得单点电磁悬浮控制系统实现稳定悬浮,实验结果与仿真结果基本一致。在ESMC作用下,系统的调节时间为0.05s,在平衡点处存在0.25mm的稳态误差,且存在较大高频抖振;在VSSMC作用下,系统调节时间为0.05s,然而,在滑动模态的初期,由于系统趋近速度过大,导致了约30%的超调现象,尽管如此,系统并不存在稳态误差;LESO-DSMC的系统调节时间为0.03s,而且由于引入的$1/(|x_2|+\lambda)$速度项有效地抑制了滑动模态初期的趋近速度,LESO-DSMC的系统超调量仅为5%左右,同时系统无稳态误差。

图4-19所示为三种控制方法作用下的单点电磁悬浮控制系统从初始位置到达给定悬浮间隙的电流响应曲线。

由图4-19可知,在单点电磁悬浮控制系统起浮阶段,LESO-DSMC的系统电流峰值约为6.5A,ESMC的系统电流峰值约为9.6A,而VSSMC的系统电流峰值约则为8.5A。控制系统电流值随着电磁铁的上升而下降,当系统处于最终稳态时,三种控制算法下的系统电流均约为 4.5A,其中 LESO-DSMC 的系统电流波动范围最小。

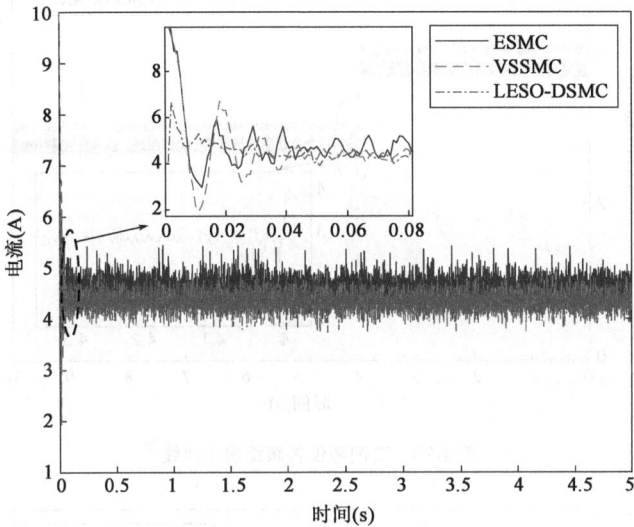

图 4-19　静态悬浮电流响应曲线

由三组实验结果对比可知,LESO-DSMC 算法不仅继承了 VSSMC 算法优秀的动态性能,具有稳态误差小和抖振小的特点,而且还解决了 VSSMC 在系统滑动模态初期趋近速度过大的问题,有效地降低了系统在滑动模态初期的超调,提高了系统的动态性能。

4.3.2　跟踪响应实验

为模拟实际中单点电磁悬浮控制系统对不同悬浮间隙的工作要求,在系统实现给定 4mm 悬浮间隙处稳定悬浮后,在 $t=4s$ 时刻,给定系统 3mm 的方波间隙信号,通过分析系统响应对比三种不同控制算法的跟踪响应性能。

图 4-20 所示为单点电磁悬浮控制系统对变间隙信号的位置跟踪响应曲线,图 4-21 所示为单点电磁悬浮控制系统对变间隙信号的电流跟踪响应曲线。

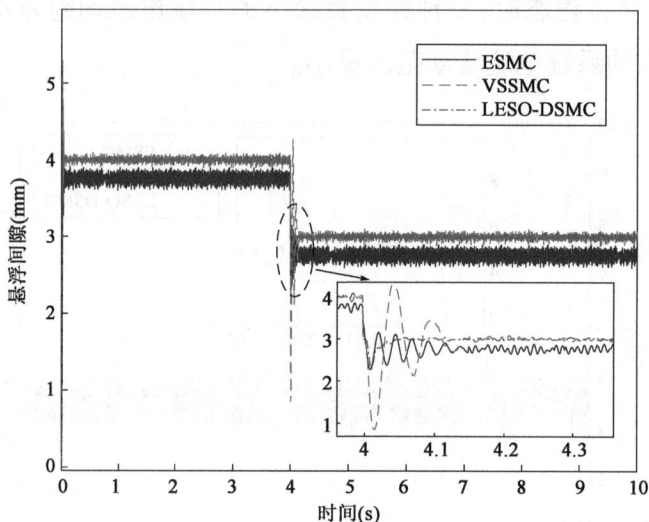

图 4-20 变间隙位置跟踪响应曲线

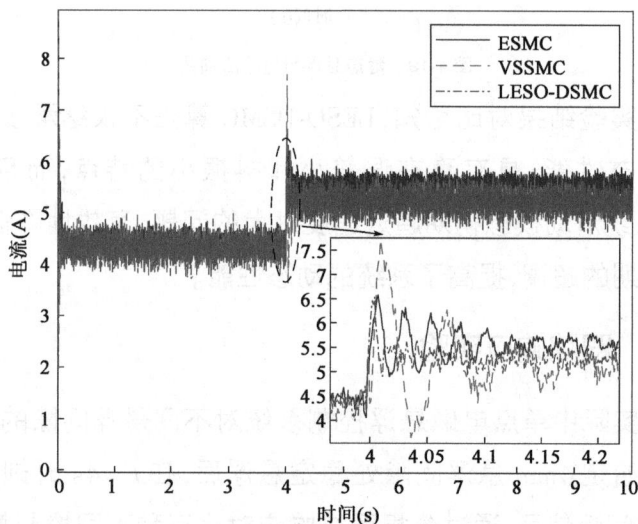

图 4-21 变间隙电流跟踪响应曲线

由图 4-20、图 4-21 可知,当单点电磁悬浮控制系统悬浮间隙发生突变时,三种控制算法均可以实现稳定跟踪悬浮。在 ESMC 作用下,系统的响应时间约为 0.1s,系统存在 0.8mm 左右超调,且在最终稳态处存在

0.2mm 左右的稳态误差；在 VSSMC 作用下，系统的响应时间较快，约为 0.02s，但存在 2.1mm 左右的超调，由于过大超调的存在，系统存在 0.12s 左右的调节时间；在 LESO-DSMC 作用下，系统的响应时间最短，仅为 0.04s 左右，且系统超调可忽略不计。

综上所述，对比三种控制方法，LESO-DSMC 作用下的系统跟踪响应时间最短，并且几乎不存在跟踪响应超调，同时控制系统无稳态误差。因此，采用 LESO-DSMC 控制算法的单点电磁悬浮控制系统表现出了良好的跟踪性能。

4.3.3　突变负载实验

为验证控制系统对不同负载的适应性和稳定性，在单点电磁悬浮控制系统从初始间隙 8mm 到达给定悬浮间隙 4mm 位置后，在 $t=4s$ 时对系统突加 1kg 的负载，$t=6s$ 时撤去负载，系统的位置响应曲线和电流响应曲线如图 4-22、图 4-23 所示。

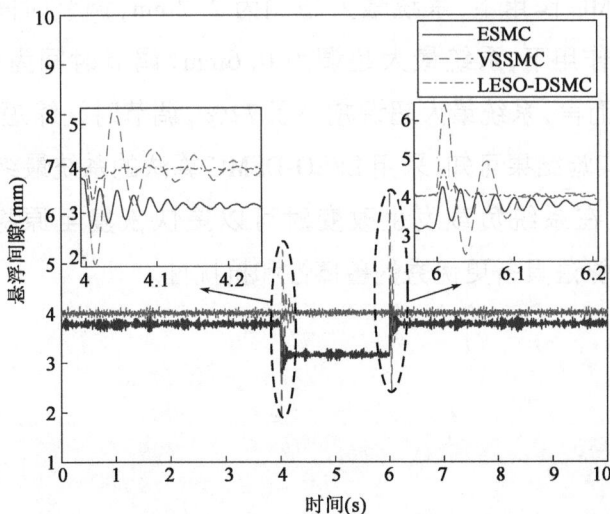

图 4-22　突变负载干扰下系统位置响应曲线

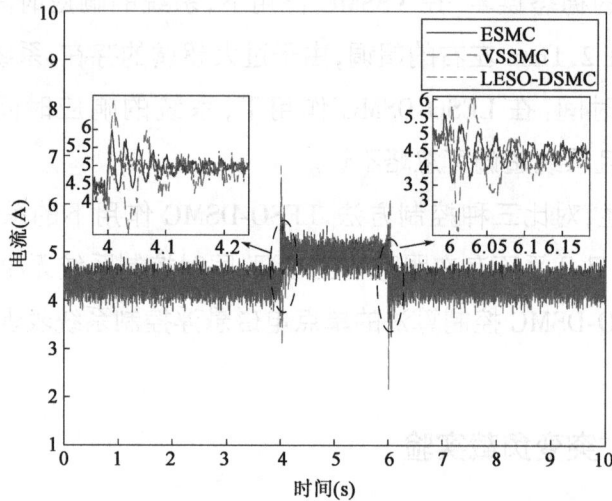

图 4-23 突变负载干扰下系统电流响应曲线

由图 4-22、图 4-23 可知,当单点电磁悬浮控制系统在稳定悬浮状态下受到额外施加的 1kg 负载干扰后:在 ESMC 作用下,系统从原稳态位置(3.8mm)达到一个新的平衡位置(3.1mm),在负载撤去后系统恢复至原稳态;在 VSSMC 作用下,系统最大超调为 2.2mm,调节时间为 0.3s;在 LESO-DSMC 作用下,系统最大超调为 0.6mm,调节时间为 0.05s,相较 VSSMC 算法而言,系统最大超调减小了 72%,调节时间缩短了 83%。通过对比三组实验结果可知,采用 LESO-DSMC 算法的系统最终稳态误差和抖振更小,且在系统负载发生改变时可以更快恢复至原稳态,这表明 LESO-DSMC 算法具备更优秀的鲁棒性和抗扰性。

第 5 章　自抗扰控制算法研究

综合磁悬浮系统的理论分析,悬浮系统需要通过一定的控制策略来调整电磁铁电流的大小,从而动态调整电磁铁的悬浮位置,实现动态平衡状态。一般情况下,位置信号自适应调节所需的时间远小于电流信号调节时间。基于串级控制思想[52],悬浮系统可以构建为双闭环系统,其中内环是电流环,外环是位置环。电流环的设置旨在减少电流响应时间,使控制量迅速生效;而位置环则旨在确保系统维持较高的控制精度和增强系统稳定性。双闭环控制策略既可以抑制大扰动的消极影响,又可以消除电流响应慢的问题。图 5-1 展示了本章设计的自抗扰双闭环控制结构。

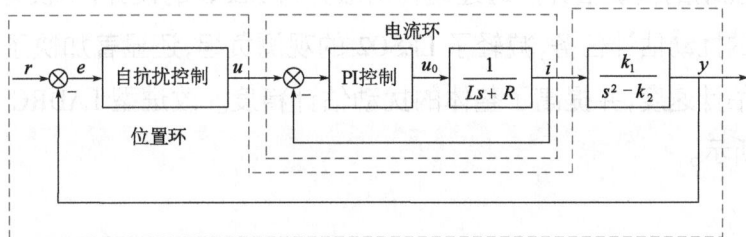

图 5-1　单点悬浮系统双闭环控制结构

5.1 改进型自抗扰控制算法设计及理论分析

传统线性扩张状态观测器 LESO 通过分析系统输出量和控制量来精确提取扰动信号,再利用控制律来消除这些扰动,进而缩小扰动对被控量的影响。具体而言,位置环 LADRC 控制器对扰动的估计精度与其相位滞后特性紧密相关:估计精度愈高,相位滞后愈小,则控制律执行消除扰动的动作就愈加迅速且精确,从而显著增强了控制器抵御扰动的能力,确保扰动对位置受控量的干扰降至最低。然而,传统 LESO 在实施过程中面临一个挑战:其通常要先完成对状态变量 x_1 的实时观测,随后才对 x_2 和 x_3 进行跟踪。这个过程不可避免地将产生较大的跟踪误差,不仅影响了 LESO 的整体效能,也限制了其在实际应用中彻底消除扰动的能力,成为提升系统性能的一大制约因素。

为进一步提高观测器对扰动的估计精度并增强系统的抗扰性能,研究在传统 LESO 的基础上,通过改进 LESO 结构来提高其扰动估计能力。具体策略如下:首先,设定第一级 LESO(LESO1)的观测器增益略高于第二级 LESO(LESO2),以便 LESO1 能够对系统总扰动进行初步估计,捕获部分扰动信息 z_3;随后,为优化干扰估计过程,将 LESO1 估计出的扰动部分 z_3 视为已知信息,并实时反馈给 LESO2;在此基础上,LESO2 同步进行剩余扰动部分 $v_3 = x_3 - z_3$ 的估计,则最终估计出总扰动为 $z_3 + v_3$,实现对系统总扰动的精确估计。通过这种两级并行 LESO 的设计,不仅有效分担了系统的扰动估计任务,减轻了 LESO2 的观测负担,还显著加快了 LESO2 的扰动估计速度,并提高了整体的扰动估计精度。改进型 LADRC 结构如图 5-2 所示。

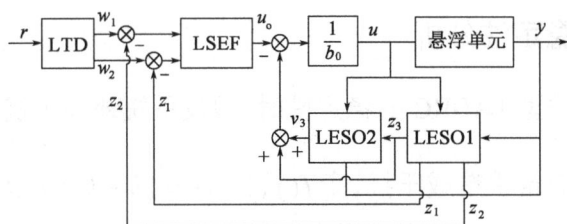

图 5-2 改进型 LADRC 的结构

根据传统 LESO(LESO1)结构,第二级改进 LESO2 形式为

$$\begin{cases} e_2 = v_1 - x_1 \\ \dot{v}_1 = v_2 - h_1 e_2 \\ \dot{v}_2 = v_3 - h_2 e_2 + z_3 + b_0 u \\ \dot{v}_3 = -h_3 e_2 \end{cases} \tag{5-1}$$

式中,e_2 为 LESO2 观测误差;v_1 和 v_2 分别跟踪 x_1 和 x_2,v_3 为剩余扰动估计量;h_1、h_2、h_3 为 LESO2 的观测器增益,采用与 LESO1 相同的观测器极点配置方法确定,为了简化分析,采取近似相等处理,即

$$\begin{cases} h_1 \approx \beta_1 \\ h_2 \approx \beta_2 \\ h_3 \approx \beta_3 \end{cases} \tag{5-2}$$

为了补偿两级 LESO 估计出的总扰动,新的反馈控制律为

$$u = \frac{u_0 - (z_3 + v_3)}{b_0} \tag{5-3}$$

通过以上设计,改进型 LADRC 无须引入额外的控制参数,并且在传统 LADRC 配置基础上,观测器增益分别为 $\beta_2 = 3\omega_0$,$\beta_2 = 3\omega_0^2$ 和 $\beta_3 = \omega_0^3$,线性状态误差反馈控制律参数为 $k_p = \omega_c^2$,$k_d = 2\xi\omega_c$。其中,ω_0 为观测器带宽,ω_c 为控制器带宽,同时取阻尼比 $\xi = 1$,则改进型 LADRC 的控制参数将只有三个,即 ω_0、ω_c 和 b_0,从而保持了系统的简洁性。

5.1.1 稳定性分析

在分析改进型 LADRC 的稳定性时,假设系统外部干扰和模型未知参数不会对系统稳定性造成干扰,令 $f(y,\dot{y},\omega)=(b-b_0)u$,则系统由 $y=\dfrac{1}{s^2}(f+b_0u)$ 变换为

$$y=\frac{1}{s^2}[(b-b_0)u+b_0u]=\frac{b}{s^2}u \tag{5-4}$$

则 $G(s)=\dfrac{b_0}{s^2}$ 变为 $G(s)=\dfrac{b}{s^2}$,将 $G(s)$、式(3-21)与式(3-22)代入式(3-23),令 $k=b_0/b$,则得到新的系统输出 y 与输入 r 的传递函数为

$$y=\frac{\omega_c^2(s+\omega_0)^6}{k_0s^8+k_1s^7+k_2s^6+k_3s^5+k_4s^4+k_5s^3+k_6s^2+k_7s^1+k_8}r \tag{5-5}$$

式中,系数 $k_x(x=1,2,\cdots,8)$ 计算式见表5-1。

系数 k_x 计算式　　　　表5-1

k_x
$k_0=k$
$k_1=6k\omega_0+2k\omega_c$
$k_2=15k\omega_0^2+12k\omega_0\omega_c+k\omega_c^2$
$k_3=2\omega_0^3+18k\omega_0^3+3\omega_0^2\omega_c+6\omega_0^2\omega_c+3k\omega_0\omega_c^2+24k\omega_0^2\omega_c$
$k_4=6\omega_0^4+9k\omega_0^4+20\omega_0^3\omega_c+20k\omega_0^3\omega_c+12\omega_0^2\omega_c^2+3k\omega_0^2\omega_c^2$
$k_5=6\omega_0^5+24\omega_0^4\omega_c+6k\omega_0^4\omega_c+19\omega_0^3\omega_c^2+k\omega_0^3\omega_c^2$
$k_6=\omega_0^6+12\omega_0^5\omega_c+15\omega_0^4\omega_c^2$
$k_7=2\omega_0^6\omega_c+6\omega_0^5\omega_c^2$
$k_8=\omega_0^6\omega_c^2$

根据李纳德－威帕特稳定性准则,系统保持稳定的充分必要条件为:①系统特征方程中的各项系数为正;②奇数阶的赫尔维茨行列式为正,即 $\Delta_3>0,\Delta_5>0,\Delta_7>0$。其中,本书赫尔维茨行列式 Δ_3、Δ_5、Δ_7 分别为

$$\Delta_3 = \begin{vmatrix} k_1 & k_0 & 0 \\ k_3 & k_2 & k_1 \\ k_5 & k_4 & k_3 \end{vmatrix}, \Delta_5 = \begin{vmatrix} k_1 & k_0 & 0 & 0 & 0 \\ k_3 & k_2 & k_1 & k_0 & 0 \\ k_5 & k_4 & k_3 & k_2 & k_1 \\ 0 & 0 & k_5 & k_4 & k_3 \\ 0 & 0 & 0 & 0 & k_5 \end{vmatrix},$$

$$\Delta_7 = \begin{vmatrix} k_1 & k_0 & 0 & 0 & 0 & 0 & 0 \\ k_3 & k_2 & k_1 & k_0 & 0 & 0 & 0 \\ k_5 & k_4 & k_3 & k_2 & k_1 & k_0 & 0 \\ k_7 & k_6 & k_5 & k_4 & k_3 & k_2 & k_1 \\ 0 & 0 & k_7 & k_6 & k_5 & k_4 & k_3 \\ 0 & 0 & 0 & 0 & k_7 & k_6 & k_5 \\ 0 & 0 & 0 & 0 & 0 & 0 & k_7 \end{vmatrix} \tag{5-6}$$

由表 5-1 可知,各项系数 k_x 均由正数 b, b_0, ω_0 和 ω_c 作求和运算构成,所以其恒为正。通过数值分析计算可知,满足稳定条件的 k 值与 ω_c 和 ω_0 初值无关,而与两者比值有关,因此,分别取 $\delta = \omega_0/\omega_c \in (1,10)$,计算得到系统稳定的 k 值取值范围,结果如表 5-2 所示。

系统稳定的 k 值取值范围   表 5-2

δ	k	δ	k
$\delta = 1$	$0.28 < k < 3.965$	$\delta = 6$	$0.247 < k < 5.149$
$\delta = 2$	$0.277 < k < 3.965$	$\delta = 7$	$0.243 < k < 5.469$
$\delta = 3$	$0.268 < k < 4.225$	$\delta = 8$	$0.24 < k < 5.792$
$\delta = 4$	$0.259 < k < 4.528$	$\delta = 9$	$0.237 < k < 6.117$
$\delta = 5$	$0.252 < k < 4.834$	$\delta = 10$	$0.235 < k < 6.443$

5.1.2 扰动估计分析

根据 LESO1 结构可知 z_1、z_2 和 z_3 分别为关于输出 y 和控制输入 u 的

传递函数,同理可得到 v_1、v_2 和 v_3 的表达式为

$$\begin{cases} v_1 = \dfrac{3\omega_0 s^2 + 3\omega_0^2 s + \omega_0^3}{(s+\omega_0)^3} y + \dfrac{b_0 s}{(s+\omega_0)^3} u + \dfrac{s}{(s+\omega_0)^3} z_3 \\[3mm] v_2 = \dfrac{(3\omega_0^2 s + \omega_0^3) s}{(s+\omega_0)^3} y + \dfrac{b_0(s+3\omega_0)s}{(s+\omega_0)^3} u + \dfrac{(s+3\omega_0)s}{(s+\omega_0)^3} z_3 \\[3mm] v_3 = \dfrac{\omega_0^3 s^2}{(s+\omega_0)^3} y - \dfrac{b_0\omega_0^3}{(s+\omega_0)^3} u - \dfrac{\omega_0^3}{(s+\omega_0)^3} z_3 \end{cases} \quad (5\text{-}7)$$

令观测器扰动估计误差 $e_f = z_3 - x_3$,可以分别得到传统 LESO 和改进型 LESO 对总扰动的估计误差为

$$e_{f1} = z_3 - x_3 = z_3 - \ddot{y} + b_0 u = b_0\left[1 - \frac{\omega_0^3}{(s+\omega_0)^3}\right]u - \left[1 - \frac{\omega_0^3}{(s+\omega_0)^3}\right]s^2 y \quad (5\text{-}8)$$

$$e_{f2} = (z_3 + v_3) - x_3 = b_0\left[1 - \frac{2\omega_0^3 s^3 + 6\omega_0^4 s^2 + 6\omega_0^5 s + \omega_0^6}{(s+\omega_0)^6}\right]s^2 y \quad (5\text{-}9)$$

式中,e_{f1} 为传统 LESO 扰动估计误差;e_{f2} 为改进型 LESO 扰动估计误差。

当输出 y 受到幅值为 K_T 的阶跃干扰时,即 $y(s) = K_T/s$,代入式(5-8) 和式(5-9)可得稳态估计误差为

$$\begin{cases} e_{f1ss} = \lim_{s \to 0} s e_{f1} = 0 \\[2mm] e_{f2ss} = \lim_{s \to 0} s e_{f2} = 0 \end{cases} \quad (5\text{-}10)$$

由式(5-10)可知,通过配置合适的观测器增益后,两种观测器均可以实现对系统输出阶跃扰动的无稳态误差观测。

根据式(5-7)可得传统 LESO 和改进型 LESO 对系统总扰动的传递函数为

$$\frac{z_3}{x_3} = \frac{\omega_0^3}{(s+\omega_0)^3} \quad (5\text{-}11)$$

$$\frac{z_3 + v_3}{x_3} = \frac{2\omega_0^3 s^3 + 6\omega_0^4 s^2 + 6\omega_0^5 s + \omega_0^6}{(s+\omega_0)^6} \quad (5\text{-}12)$$

令 $\omega_0 = 20\,\mathrm{rad/s}$，根据式（5-11）、式（5-12）可得到两种观测器的扰动估计比较伯德图，如图 5-3 所示。

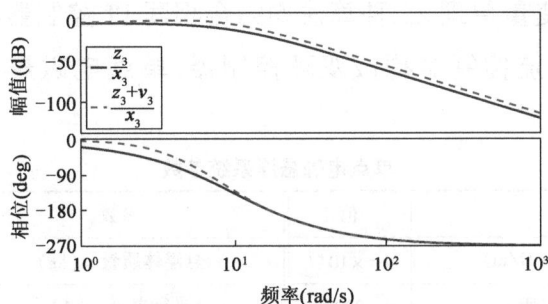

图 5-3　扰动估计性能比较伯德图

由图 5-3 可知，两种观测器对于由低频分量组成的扰动都可以很好地估计。在控制器有效带宽 $\omega_c = 15\,\mathrm{rad/s}$ 内，改进型 LESO 的观测速度要快于传统 LESO。假设系统总扰动被完全估计出来，则观测器对总扰动的幅值响应将等于 1，而改进型 LESO 在中高频段具有更高的幅值，说明其对扰动估计得更精确，有利于消除悬浮传感器反馈线路中的高频噪声干扰。

5.2　改进型自抗扰控制算法仿真实验

为了验证改进型 LADRC 控制器的性能，将改进型 LADRC 作为单点电磁悬浮系统位置外环控制器，并与 PID 和传统 LADRC 算法分别进行以下三组仿真对比实验：

（1）阶跃响应实验。设定悬浮位置，根据系统动态性能指标，比较三种算法的跟踪性能。

（2）抗扰性实验。针对电磁悬浮系统在垂直方向上易受到电磁铁位置变化、系统某一悬浮点发生故障和周期性扰动力影响的情况，施加相同阶跃负载扰动和正弦干扰力，对比三种算法的抗扰性能。

（3）鲁棒性实验。改变系统参数 b，对比三种算法对系统参数变化的鲁棒性能。

鉴于控制变量原理，三种算法均结合相同 PI 控制器参数（$K_P = 20$，$K_I = 1600$）的电流控制器构成双环控制器，单点电磁悬浮系统参数如表 5-3 所示。

单点电磁悬浮系统参数   表 5-3

参数	值	参数	值
真空磁导率 μ_0（H/m）	$4\pi \times 10^{-7}$	悬浮体质量 m（kg）	3.25
线圈匝数 N（匝）	820	平衡电流 i_0（A）	2.9
线圈电阻 R（Ω）	3.2	平衡位置 x_0（m）	0.004
电磁铁磁极面积 A（m²）	0.00034		

所用控制系统仿真结构如图 5-4 所示。

5.2.1 阶跃仿真

在定阶跃信号响应对比实验中，在 0.1s 向系统施加给定 4mm 阶跃信号，并经过跟踪微分器过渡后形成一个平滑的给定信号。由实验结果图 5-5 可知，三种算法均可以在较短时间内达到设定悬浮位置且无稳态误差，其中，采用 PID 控制时，系统超调量为 0.34mm，调节时间为 0.08s。在三个控制参数（$\omega_0 = 2000$，$\omega_c = 400$，$b_0 = 7.43$）相同的情况下，改进型 LADRC（结果图中均为 CLADRC）的响应速度与传统 LADRC 基本相同且无位置超调量。此外，在电流响应方面，系统稳态电流为 2.9A，但在起浮阶段，PID 峰值电流达到了 7A，传统 LADRC 为 5.9A，改进型 LADRC 为 6A。根据仿真结果可知，虽然 PID 的响应速度要快于传统 LADRC 与改进型 LADRC，但存在较大的超调量和较长的调节时间，而采用改进型 LADRC 与传统 LADRC 算法可以保证电磁悬浮系统快速平稳无超调地到达设定悬浮位置。

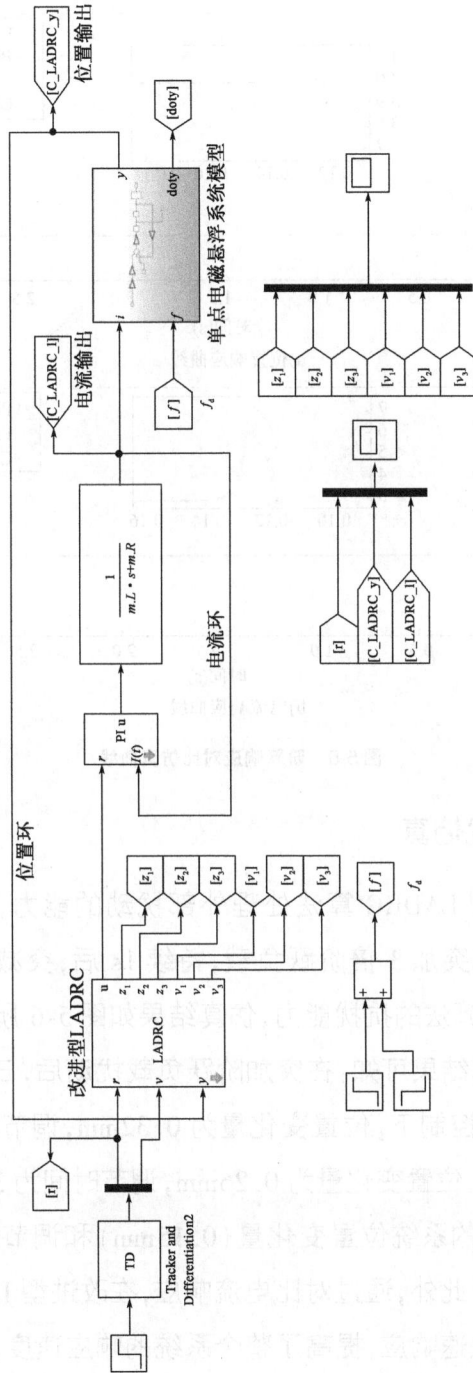

图 5-4 单点电磁悬浮控制系统仿真结构

a)位置响应曲线

b)电流响应曲线

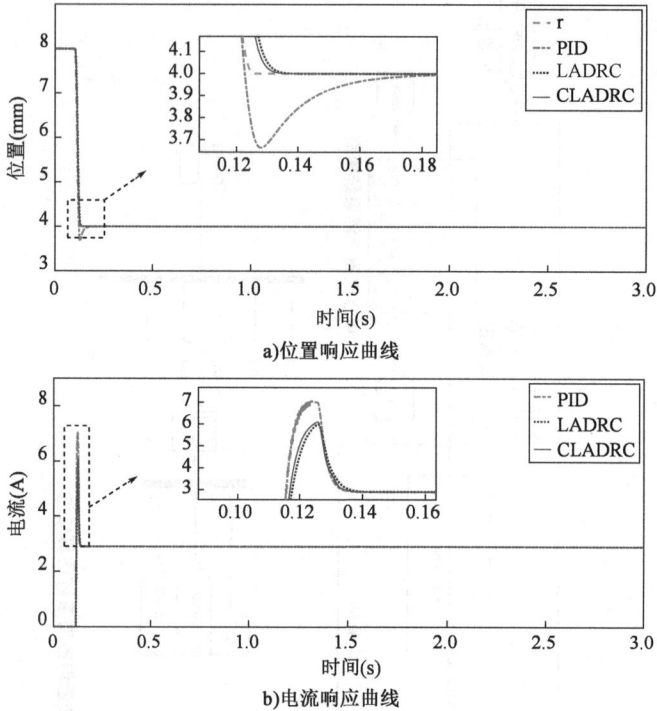

图5-5 阶跃响应对比仿真曲线

5.2.2 抗扰仿真

为测试改进型 LADRC 算法处理外部扰动的能力,电磁铁悬浮稳定后,在0.6s 给系统突加3 倍阶跃负载,持续1s 后,突减3 倍阶跃负载扰动,比较研究三种算法的抗扰能力,仿真结果如图5-6 所示。

由图5-6 仿真结果可知:在突加阶跃负载扰动后,三种算法均可以使系统稳定;在 PID 控制下,位置变化量为 0.32mm,调节时间为 110ms;传统 LADRC 控制下,位置变化量为 0.26mm,调节时间为 38ms;而采取改进型 LADRC 控制下的系统位置变化量(0.15mm)和调节时间(20ms)要小于另外两种算法。此外,通过对比电流响应,在改进型 LADRC 的控制下,由于位置外环的快速响应,提高了整个系统的响应速度,电流以最快的响应速度重新达到新的稳态值。

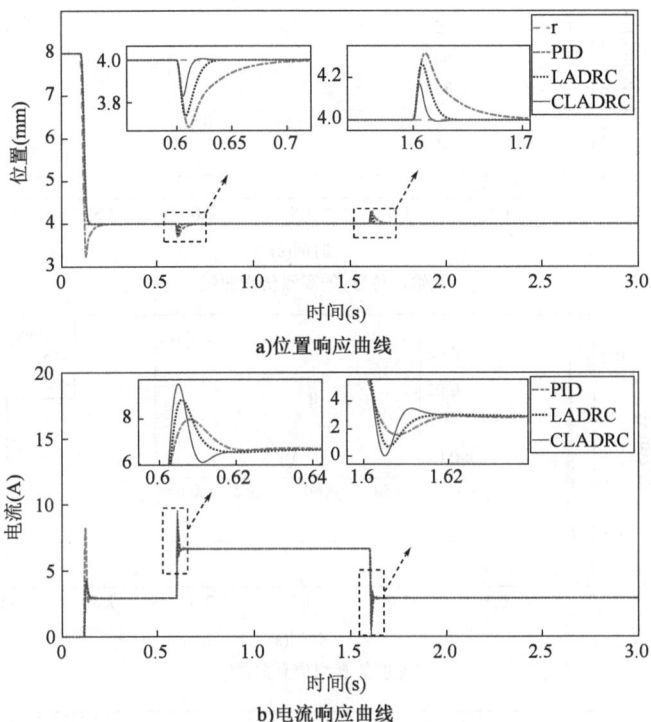

a)位置响应曲线

b)电流响应曲线

图 5-6　突加负载抗扰对比仿真曲线

图 5-7 为改进型 LESO 对系统状态量的观测仿真曲线。根据图 5-7a)可知,在系统受扰时,改进型 LADRC 中的两级级联的线性扩张状态观测器(LESO)均可以实现对电磁铁位置和速度的有效观测。其中,z_1、z_2 与 z_3 为第一级 LESO1 对各系统状态量的观测结果,v_1、v_2 与 v_3 为第二级 LESO2 的观测结果。由图 5-7c)可知,第一级观测器观测量 z_3 构成系统总扰动的主要部分,而第二级观测器则获得剩余扰动观测量 v_3。

分别采用改进型 LADRC 和传统 LADRC 算法对系统进行控制,施加相同的阶跃负载扰动 f_d,根据 $x_3 = (K_x/m)x_1 + f_d/m$,可分别得到在对应算法控制下的系统扩张扰动量。两种算法对系统扰动的观测对比仿真曲线如图 5-8 所示。

a)输出位置y的观测仿真曲线

b)速度的观测仿真曲线

c)系统扰动的观测仿真曲线

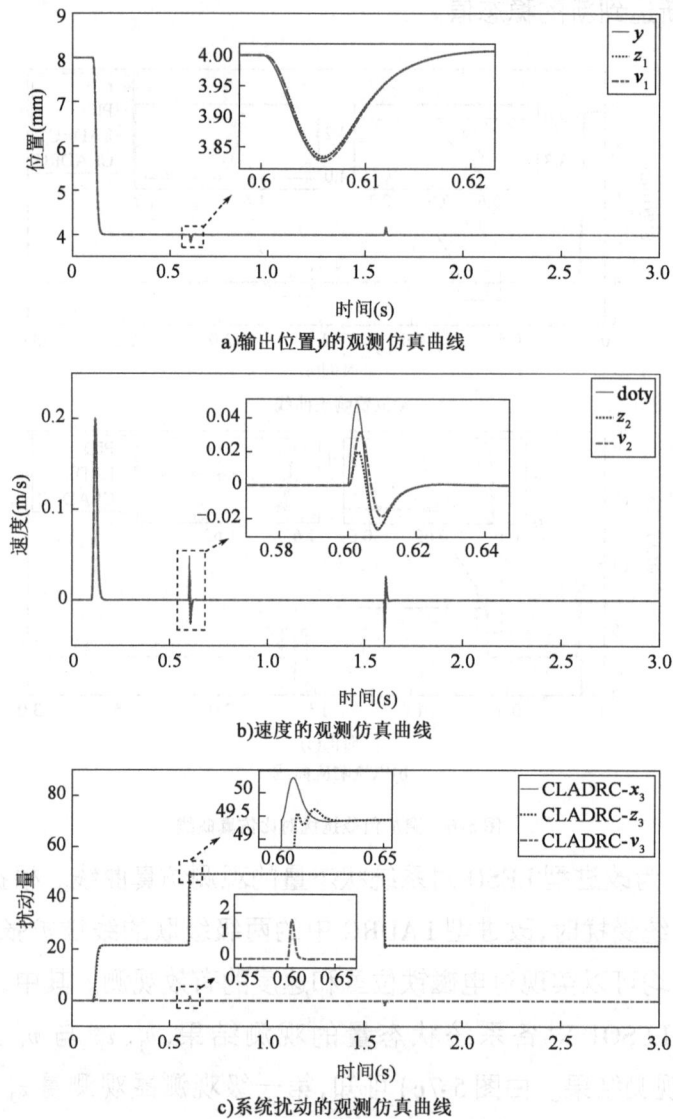

图5-7 改进型 LESO 对系统状态量的观测仿真曲线

　　根据仿真结果图 5-8 可知:两种算法均可以实现对系统扰动的有效观测且实现无稳态误差;在对扰动跟踪过程中,改进型 LADRC 的跟踪时间为 0.2s,传统 LADRC 的跟踪时间为 0.4s,改进型 LADRC 对扰动的观测速度快于传统 LADRC 算法;改进型 LADRC 的最大跟踪误差为0.15,传统 LADRC 的最大跟踪误差为 0.44,改进型 LADRC 的观测值更逼近实际扰动量,即观测精度更高。

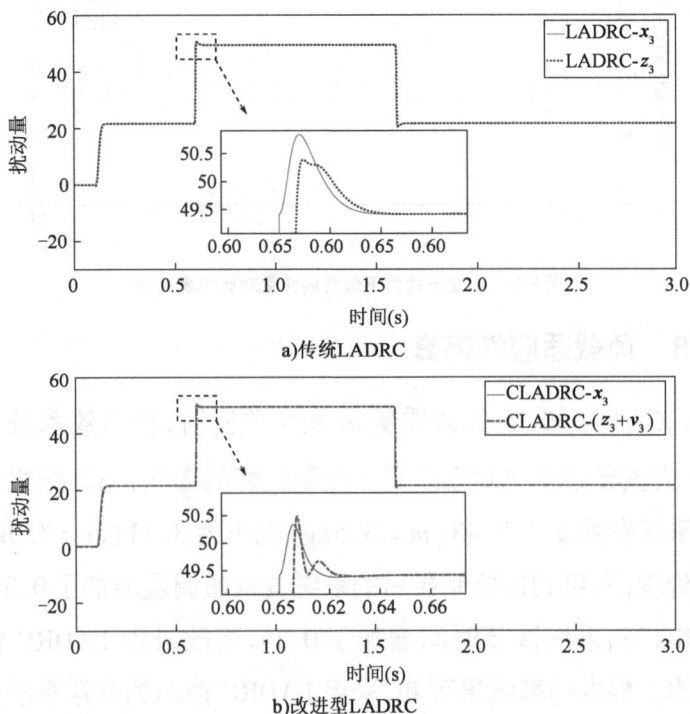

a)传统LADRC

b)改进型LADRC

图 5-8　两种算法对系统扰动观测对比仿真曲线

同时为验证系统对周期性扰动力的抗扰能力,在 0.5s 对系统施加 $105\sin(0.2t)$ N 的周期性干扰力,将位置输出与设定 4mm 悬浮位置作差得到系统位置波动范围,通过位置波动范围大小对比三种算法对周期性干扰的抗扰能力,仿真结果如图 5-9 所示。可以看出:针对周期性扰动,三种算法控制下的位置波动范围分别为 0.31mm、0.15mm、0.05mm;在相同阶跃扰动和周期性扰动作用下,改进型 LADRC 的抗扰性能要明显强于 PID 控制器,可以实现对系统各状态量的有效观测;相比于传统 LADRC,由于改进型 LADRC 对广义系统扰动的估计精度与速度更优,通过线性补偿控制律及时地进行补偿后,采用改进型 LADRC 控制的单点悬浮控制系统具有更好的抗扰性能。

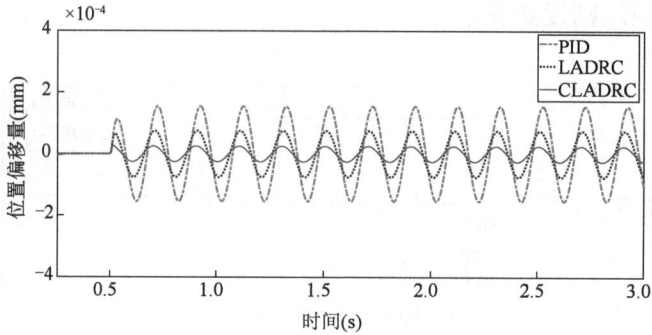

图 5-9　正弦干扰力下位置偏移量对比仿真曲线

5.2.3　负载适应性仿真

由 $b = K_i/m$ 可知,当负载质量 m 发生改变时,将导致系统参数 b 变化,实验研究该参数变化对系统起浮控制性能的影响,仿真结果如图 5-10 所示。当系统参数 b 由 $7.43(m=3.5\text{kg})$ 减小为 $3.71(m=7.0\text{kg})$ 时,在系统起浮阶段,采用 PID 控制器后的系统位置超调量增加了 0.35mm。在传统 LADRC 下,系统调节时间增加了 0.1s,而改进型 LADRC 位置响应基本无影响。根据仿真结果可知,采用 LADRC 控制的悬浮系统的鲁棒性比采用 PID 控制器强,改进后的 LADRC 控制器进一步增强了系统的鲁棒性。

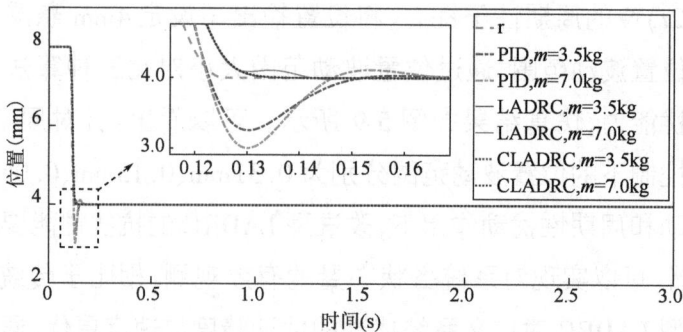

图 5-10　鲁棒性对比仿真曲线

5.3　改进型自抗扰控制算法实验分析

为进一步验证改进型 LADRC 控制算法的有效性,在实际悬浮平台进行实物悬浮实验。

5.3.1　悬浮实验

图 5-11 所示为悬浮电磁铁从初始位置(悬浮间隙 8mm)到达设定位置(悬浮间隙 4mm)响应过程,为防止起浮电流过大,实际给定为一个斜坡过渡信号。传统 LADRC 和改进型 LADRC 算法采用相同的控制参数($\omega_0 = 70, \omega_c = 10.2, b_0 = 6$),PID 算法控制参数为 $K_P = 5.5, K_I = 0.001, K_D = 12000$。由位置响应曲线可知,采用改进型 LADRC,系统经过 0.12s 调节时间无超调地到达平衡位置,稳态位置波动范围为 0.097mm。采用传统 LADRC 需要 0.25s 的调节时间并伴随 0.1mm 的超调量,稳态位置波动范围为 0.113mm。采取 PID 控制则需 0.33s 调节时间且存在 0.4mm 的位置超调,稳态位置波动范围为 0.168mm。此外,三种算法的位置稳态误差均为 0.008mm 左右。由电流响应曲线可知,在起浮阶段,改进型 LADRC 的电流峰值为 5.96A,而传统 LADRC 与 PID 的峰值电流均达到了 6.16A,电流随着电磁铁上升而迅速回落,最终系统在平衡位置处的电流为 2.89A 左右,且稳定后波动较小。由实验结果可知,对于设定位置的静态悬浮性能,改进型 LADRC 算法具有更短的响应时间且不产生超调,在平衡点处稳定后几乎无稳态误差且位置上下波动范围小,能有效抑制电磁铁的温度上升,有益于减小电磁铁温度变化干扰影响从而保持系统的稳定。

5.3.2　抗扰实验

为验证改进型 LADRC 算法的抗扰性能,在系统处于 5mm 稳定悬浮位置时,将相同质量(500g)的物体分别从不同高度以自由落体形式施加

磁悬浮控制技术

在悬浮架上。传统 LADRC 和改进型 LADRC 算法采用相同的控制参数（$\omega_0 = 70, \omega_c = 12.5, b_0 = 6.5$），而 PID 算法控制参数为 $K_P = 5.5, K_I = 0.001, K_D = 12000$。

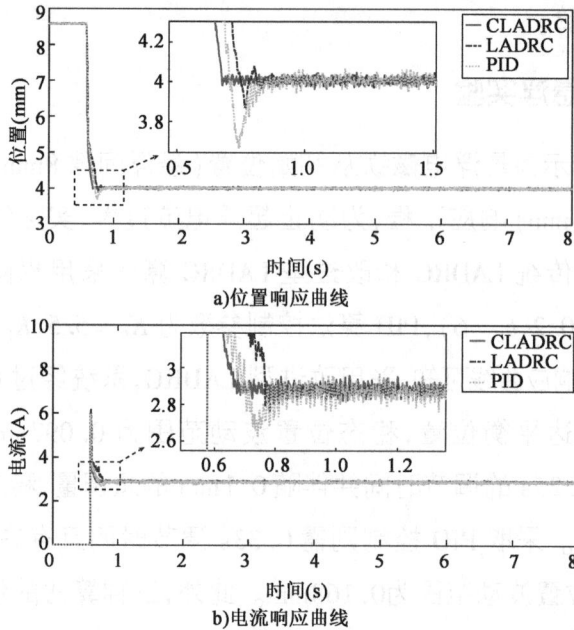

a)位置响应曲线

b)电流响应曲线

图 5-11 静态悬浮位置-电流响应对比实验曲线

实验结果如图 5-12 所示，第一次施加 15mm 高度的冲击性干扰，改进型 LADRC 的位置上下变化范围为 1.97mm，经过 0.63s 调节时间回到平衡点，而传统 LADRC 的位置变化范围为 3.52mm，重新恢复平衡位置需要 1.09s，PID 控制的位置变化范围为 2.9mm，并伴随 4 次衰减振荡，重新恢复平衡位置需要 3.62s。第二次施加 30mm 高度的冲击性干扰，改进型 LADRC 的位置变化范围为 3.14mm，经过 0.63s 调节时间回到平衡点，而传统 LADRC 的位置变化范围为 4.53mm，恢复时间 1.26s，PID 控制的位置变化范围为 4.54mm，发生 7 次更大振幅的衰减振荡后需要 7.66s 才能实现稳定。两次抗扰动态性能指标如表5-4所示。

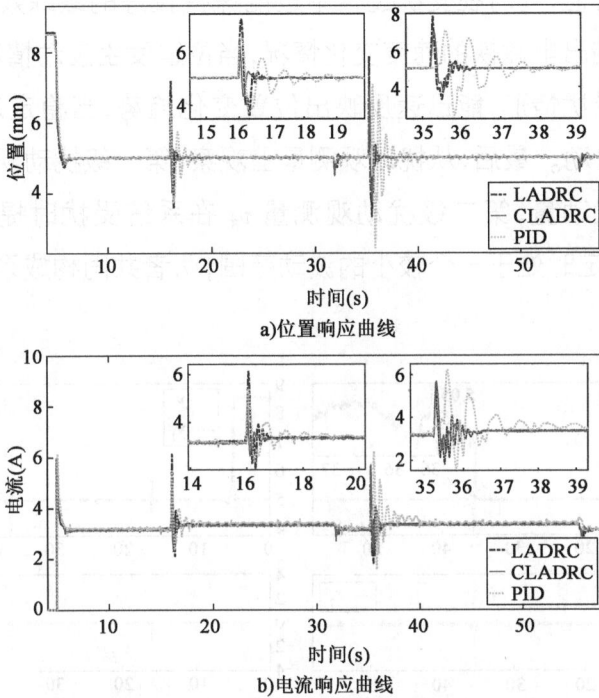

a)位置响应曲线

b)电流响应曲线

图5-12　在突加两次（15mm、30mm高度）冲击干扰下位置-电流响应对比实验曲线

两次抗扰动态性能指标　　　　　　　　　　　　　　　　表5-4

算法对比	第一次抗扰性能指标		第二次抗扰性能指标	
	位置变化量（mm）	调节时间（s）	位置变化量（mm）	调节时间（s）
PID	2.90	3.52	4.54	7.66
LADRC	3.52	1.09	4.53	1.26
CLADRC	1.97	0.63	3.14	0.87

图5-13所示为改进线性扩张状态观测器对系统的观测情况,图a)为第一级线性扩张状态观测器对输出位置量、速度量与系统扰动的观测曲线。图b)为第二级扩张状态观测器对输出位置量、速度量以及系统剩余

扰动 v_3 的观测曲线。其中, z_1 与 v_1(蓝色曲线)都是对输出位置量 y(红色曲线)的观测值。在起浮阶段,伴随悬浮指令的发出,观测器能够迅速跟踪到实际位置值,同时在受扰过程中也能保持较好的跟踪效果。而 z_2 与 v_2 能实时观测出电磁铁的速度变化情况,当位置发生波动情况时,如起浮阶段和两次受扰情形,能迅速反映出位置变化趋势,当稳定悬浮后,观测值在 0 左右波动。最后,从扰动观测量上观察,第一级扰动观测量 z_3 获取系统的主要扰动量,第二级扰动观测量 v_3 在系统受扰时提供剩余扰动值,在系统稳定时处于一个较小的波动范围,两者共同构成系统的总扰动观测量。

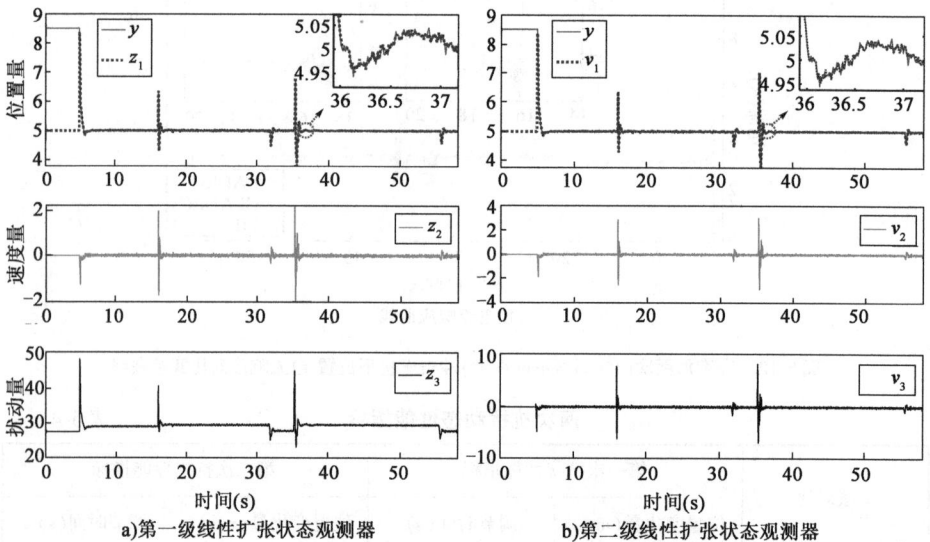

图 5-13 改进型 LADRC 对系统状态量的跟踪实验曲线

为进一步验证算法的抗扰性能,在 5mm 平衡位置处对系统施加高度为 50mm 的冲击性干扰。实验结果如图 5-14 所示,采取改进型 LADRC 控制,系统上下位置变化范围为 5.12mm,系统恢复时间为 1.24s。在相同干扰作用下,传统 LADRC 算法发生了 1 次砸轨现象,衰减振荡后恢复稳定,系统恢复时间为 2.42s,消除干扰后恢复稳定。而在 PID 控制作用下,系统发生 6 次砸轨现象,经过 9.24s 调节时间后恢复稳定。

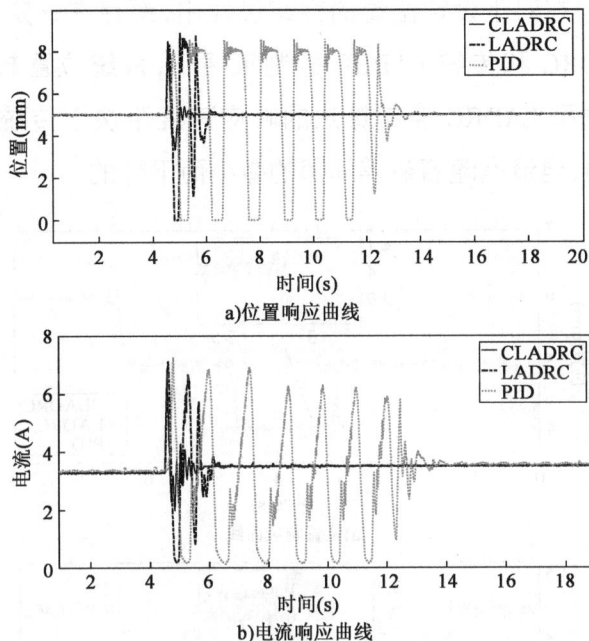

图 5-14　在突加(50mm 高度)冲击干扰下位置-电流响应对比实验曲线

　　由上述两次抗扰实验结果可知,由于采用改进 LESO 增强了 LADRC 对扰动的观测精度和观测速度,增强了系统对扰动的鲁棒性。改进型 LADRC 的抗扰能力强于 PID 与传统 LADRC 控制算法,明显减小了系统在受扰时的位置变化范围并缩短了恢复稳定时间,同时,改进型 LADRC 算法使系统具备了可以应对更高强度冲击性干扰的能力。

5.3.3　轨迹跟踪实验

　　图 5-15 所示为系统对跟踪阶梯信号的跟踪对比实验曲线,采用延时改变位置设定值的方式来模拟电磁悬浮系统悬浮位置变化的工况,通过系统响应来对比算法的跟踪性能。当系统达到最初稳定位置 6mm 时,设

定新的悬浮高度为 5mm，延时 1.5s 左右设定新的悬浮高度 4mm，延时 1.5s 后按相反的过程阶段性地恢复到初始平衡高度 6mm。由图 5-15a) 可知，三种算法在对于设定位置的跟踪过程中，都存在一定的超调量，但在改进型 LADRC 和传统 LADRC 控制策略下，系统位置超调量要小于 PID 控制，改进型 LADRC 控制算法的响应速度略快于传统 LADRC。由图 5-15b) 可知，电流是随着悬浮间隙的减小而下降的。

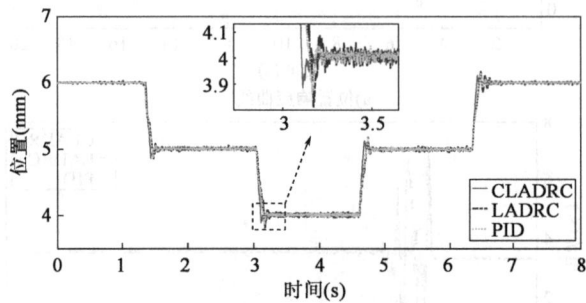

a)位置响应曲线

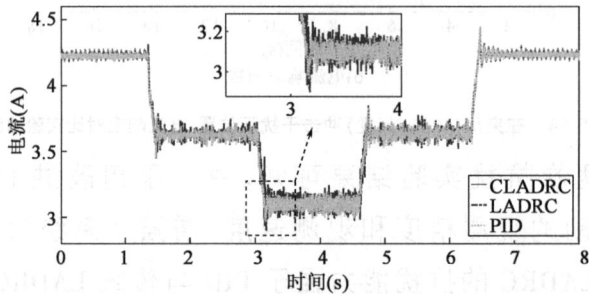

b)电流响应曲线

图 5-15　阶梯信号跟踪位置-电流响应对比实验曲线

图 5-16 所示为改进线性扩张状态观测器对系统的跟踪情况，与抗扰实验类似，观测器对电磁铁实际位置值、速度量和系统总扰动都能实现有效跟踪。由实验结果可知，对于设定跟踪信号，改进型 LADRC 继承了传统 LADRC 优秀的动态性能，具有跟踪速度快和超调量小的特点。

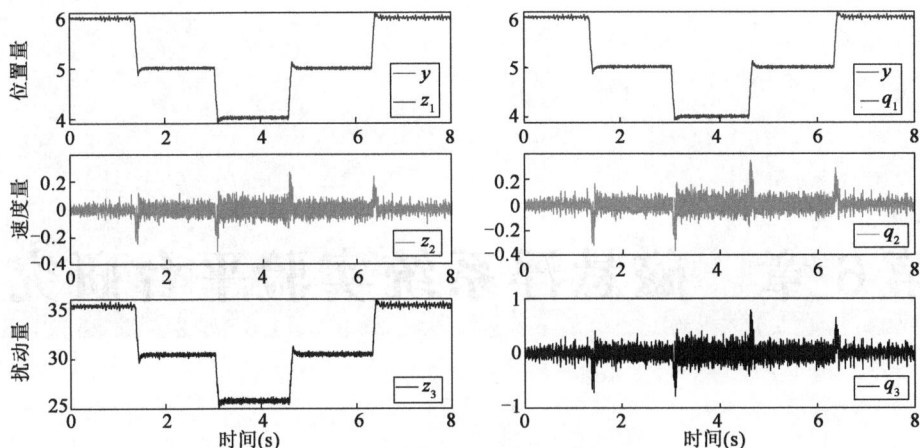

图 5-16　改进型 LADRC 跟踪实验曲线

　　根据上述悬浮控制实验结果可知:对于静态位置悬浮和变化位置跟踪情形,改进型 LADRC 算法相比于传统 LADRC 和 PID 两种算法,具有更快的响应速度和更小的超调量;在相同冲击干扰作用下,改进型 LADRC 的抗扰性能明显优于 PID 控制,而相比于传统的 LADRC 控制算法,采用改进型 LADRC 的单点电磁悬浮系统位置波动范围平均减小了 37.5%,调节时间平均缩短了 36.9%。将改进型 LADRC 应用于单点电磁悬浮系统,有利于提高系统的稳定性,增强悬浮系统的刚度。

第6章　磁悬浮系统实验平台研究

6.1　永磁电磁混合悬浮系统实验分析

  基于单点电磁 F 轨的平台研究,本研究探索了一种将永磁体与电磁体相结合的混合悬浮技术新路径。该混合悬浮技术核心在于巧妙利用永磁体的自持磁场与电磁体的可控磁场间的协同作用,达成多重目标:显著降低系统能耗、增强悬浮效能,并确保系统运行的高度可靠性。本章将重点探讨单点永磁电磁混合悬浮 F 轨的设计与实现,分析其基本原理、技术优势,并通过实验数据和实际案例展示这种混合悬浮技术在实际应用中的卓越表现。

6.1.1　永磁电磁混合悬浮系统实验平台

  基于本系统的研究目标,独立自主设计并构建一套小功率永磁电磁悬浮机械结构——F 轨型单点永磁电磁混合悬浮平台。该平台旨在模拟并验证磁浮列车中悬浮混合磁铁与 F 形轨道之间的复杂力作用关系,同时测试控制系统的抗干扰能力。F 轨悬浮台架示意如图 6-1 所示。

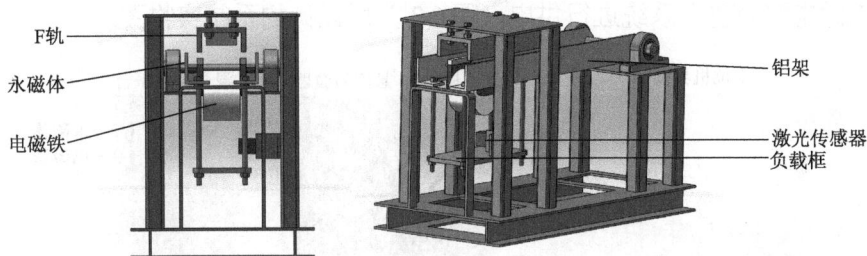

F轨
永磁体
电磁铁

铝架
激光传感器
负载框

图 6-1 F 轨悬浮台架示意图

　　永磁电磁混合悬浮系统主要由以下几个部分组成:单点永磁电磁混合悬浮实验台、悬浮电源电路、驱动电路、信号调理电路、斩波电路、传感器、悬浮控制器、外部采样电路等。硬件整体设计框图如图 6-2 所示。

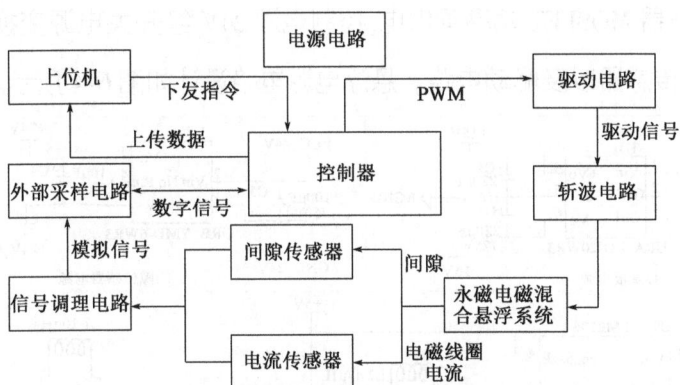

电源电路
上位机　下发指令　PWM　驱动电路
上传数据　　　　　　　驱动信号
外部采样电路　　控制器　　斩波电路
数字信号
模拟信号　间隙传感器　间隙
信号调理电路　　　　永磁电磁混合悬浮系统
电流传感器　电磁线圈电流

图 6-2 永磁电磁混合悬浮系统硬件整体设计框图

　　系统整体工作原理如下:间隙传感器和电流传感器作为关键部件,实时监测永磁电磁混合悬浮系统的悬浮间隙和电磁铁电流;采集的模拟信号通过信号调理电路进行隔离和滤波处理,确保信号的准确可靠;处理后的信号由外部 AD 采样电路转为数字信号,再输送至控制器;控制器通过特定算法分析处理数字信号,计算控制量,并以 PWM 信号形式输出,通过驱动电路控制斩波电路中的功率管通断,调节电磁铁电流,使系统稳定悬浮;

同时,上位机下发间隙指令或传递参数等给控制器并接收实验数据以供展示,而电源电路为整个系统进行供电。图6-3为所设计的系统实物图。

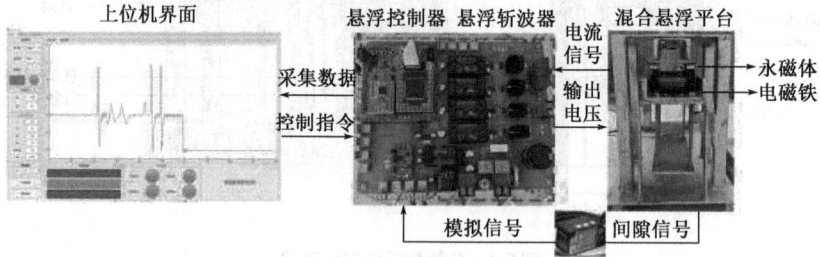

图6-3 系统总体设计实物图

1.悬浮电源电路设计

悬浮电源电路主要包括控制电源和主回路电源两部分。主回路电源48V用于给斩波器MOSFET功率管供电,控制电源24V经开关电源变换后供给悬浮控制器、传感器以及驱动电路。悬浮电源电路设计如图6-4所示。

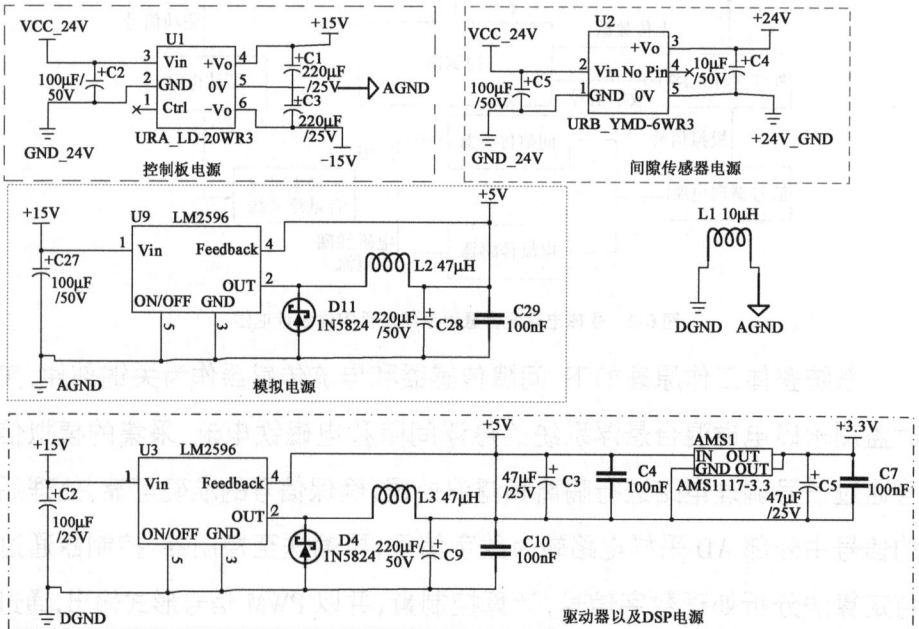

图6-4 悬浮电源电路设计

结合图 6-4,悬浮电源电路整体说明如下：+24V 直流电源作为输入,经 U1 输出 ±15V 模拟电压与模拟地,供给信号调理电路中的集成运放芯片；+24V 电压通过 U2 稳压滤波后生成 +24V 供给间隙传感器,+15V 模拟电压经 U9 变换成 +5V 模拟电压供给外部 AD7606 采样芯片；+15V 模拟电压经 U3 与 AMS1 分别变换成 5V 与 3.3V 电压,供给驱动电路与 DSP 芯片。其中,U1、U2、U3、U9 均表示 DC/DC 降压稳压开关电源芯片。由于在电路中包含了数字电路与模拟电路,为了避免两者之间产生耦合,利用电感将两者进行隔离。

2. 控制器选型

当前控制器的实现方式主要分为数字控制与模拟控制。数字控制因其高控制精度高和可实现复杂算法等特点而得到广泛应用。主流的控制芯片包括 ARM 处理器、DSP 处理器以及 FPGA 处理器等。对于永磁电磁混合悬浮系统,高度的实时性和精度是其核心要求,其控制系统必须能够迅速准确地调节电磁力,以确保稳定的悬浮状态,同时处理海量的传感器数据和执行复杂的控制算法,还需要支持广泛的外部设备连接。此外由于永磁电磁混合悬浮系统经常面临外部振动、干扰及噪声等影响,控制芯片必须具备强大的抗干扰能力,以保障系统运行的稳定性和可靠性。

相比于 ARM 处理器和 FPGA 处理器,DSP 处理器在实时性、精度、信号处理能力及算法支持等方面具备诸多优势,特别适合于提高永磁电磁混合悬浮系统的性能和稳定性。基于此,本章选择了 TI 公司生产的 32 位浮点 DSP 处理器 TMS320F28335 芯片作为核心控制器,旨在满足永磁电磁混合悬浮系统的高性能需求。该芯片以 150MHz 的主频运行,内置 128kB Flash 和 68kB RAM,还拥有丰富的外设接口,如 GPIO 引脚、模拟输入输出接口和多种通信接口(包括 UART、SPI、I2C 等),以及高速通信接口(包括以太网接口和 CAN 总线接口),为永磁电磁混合悬浮系统的高效、稳定运行提供了强大的硬件支持。

3. 斩波电路设计

斩波器作为悬浮系统的关键部件之一,其设计细节、供电电压以及开关频率对于悬浮磁铁的稳定性和刚度具有决定性影响。在永磁电磁混合悬浮系统中,斩波电路通过采用脉冲宽度调制(PWM)技术精确控制电磁力的产生,进而达到对系统进行稳定控制和细致调节的目的。斩波器设计及其参数配置,在电磁力控制、系统稳定性、能量转换效率及电磁兼容性等多个性能指标上起着至关重要的作用。在电磁悬浮系统中,为了克服重力实现悬浮,通常仅需要控制单一方向的电磁力,采用两象限 H 型斩波电路以提供单向电流,当出现吸死工况时,仅需切断电磁铁线圈电流。而在永磁电磁混合悬浮系统中,当出现吸死工况时,切断电磁铁线圈电流并不能防止吸死,为了抵消永磁体自身产生的强大吸力,必须生成反向的电磁力,这就要求电流能够在正反两个方向流动,因此必须使用四象限 H 型桥式斩波电路。这种设计使得永磁电磁混合悬浮系统能够更灵活地调节电磁力,确保系统的精确控制与高度稳定。

桥式斩波电路(图 6-5)由四个功率晶体管(Q_1、Q_2、Q_3、Q_4)、四个续流二极管(D_1、D_2、D_3、D_4)和一个电磁铁线圈组成。工作原理如下:当 Q_1 和 Q_4 导通而 Q_2 和 Q_3 截止时,电路产生正向电流;相反,当 Q_2 和 Q_3 导通而 Q_1 和 Q_4 截止时,形成反向电流。为了在任意时刻使 H 桥的同侧两个功率晶体管不会同时导通以避免短路,PWM_1 和 PWM_2 要选用两个极性相反、带死区的 PWM 信号。根据相关文献,为确保电流单向性,PWM_1 和 PWM_2 需分别独立输出,并且一路的占空比应为 0,以调节另一路的占空比,实现类似两个单向 H 桥斩波器的功能,其中占空比与输出电压呈线性关系。施加反向电流时,首先应保证 $PWM_1 = 0$,然后输出 $PWM_2 = 0$,以避免上下桥臂同时导通。当 PWM_1 的占空比大于 50%,而 PWM_2 的占空比为 0 时,产生正向电流;而当 PWM_1 的占空比为 0,PWM_2 的占空比大于 50% 时,则产生反向电流;占空比恰为 50% 时,电磁铁线圈不产生电流。占空比越大,电磁铁线圈两端电压越高,占空比越小,电磁铁线圈两端电压越小。

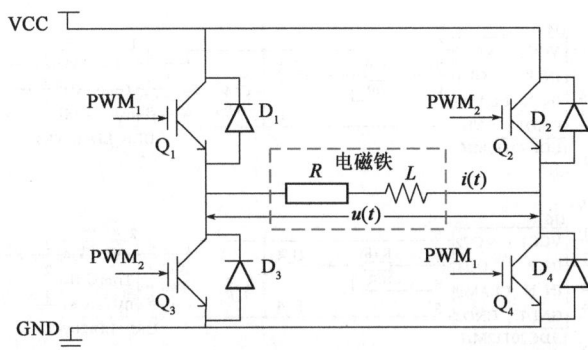

图 6-5　桥式斩波电路示意图

根据文献中直流母线电压 48V 与输出电流 7A 的技术要求,本书选取了英飞凌公司的 SiC MOSFET 作为开关器件,型号为 IM-ZA65R072M1H,其主要性能参数如表 6-1 所示。

IMZA65R072M1H 主要参数　　　　　　　　　　表 6-1

参数类型	参数值	参数类型	参数值
V_{gs}	$-5 \sim 23V$	R_{ds}	$72m\Omega$
I_D	28A	V_{ds}	650V

4. 驱动电路设计

在系统中,由于输出 PWM 信号的电压最大仅为 3.3V,不足以直接驱动 MOSFET 开关器件。因此,采用驱动电路实现控制电路与斩波电路之间的隔离与驱动。SiC MOSFET 驱动芯片 1EDC20112MH 具备卓越性能,选择其作为合适的驱动芯片。该芯片利用无芯变压器技术达成了输入与输出之间的高效隔离,允许其输入端直接连接至 DSP 控制器,而输出端则能提供所需的栅极驱动电压和 2A 的驱动电流,并支持最高 1MHz 的开关频率。此外,1EDC20112MH 芯片配备了一系列保护功能,包括输入端的欠压保护、输出端的短路保护,以及主动米勒钳技术防止寄生导通,有效增强了系统的安全性与可靠性。系统驱动电路原理如图6-6所示。

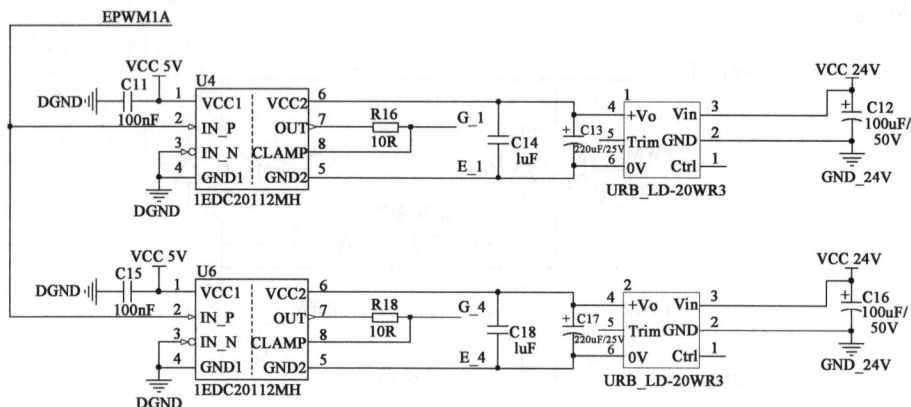

图6-6 驱动电路原理

5.传感器选型及标定

（1）电流传感器。

在系统由24V电源供电时,最大电流保持在10A以内。为了应对未来可能增设的冗余电路和提前预防反向电流可能出现不足等问题,选择采用LA 55. P霍尔电流传感器进行电磁线圈电流的精确测量。该传感器的主要参数如表6-2所示。

电流传感器主要参数　　　　　　　　　　　　　表6-2

参数类型	参数值	参数类型	参数值
额定输入电流	50A	最大测量电阻	1000Ω
测量范围	0～±70A	电源电压范围	12～15V
额定输出电流	50mA	带宽	DC～200kHz

该电流传感器采用闭环霍尔效应,即通过初级电流 I_p 产生的磁通量与通过次级绕组的驱动电流产生的互补磁通量进行平衡。电流传感器工作原理如图6-7所示。

电流传感器负责实时监测电磁铁线圈绕组中的电流变化,并将其转换为数字信号进行输出。为了确保测量数据的准确性,必须对传感器数据进行标定,确保其输出值与程序中 PWM 占空比的关系正确对应。通过使用具有 10mV/A 输出比的钳形电流表探头(即 100∶1 的转换比) 对电流值进行精确测量。例如,当测得的电压为 10mV 时,对应于实际电流为 1A。当斩波比低于 50% 时,电压的变化相对较小,对系统的影响可以忽略不计。电流传感器数据标定如表 6-3 所示。

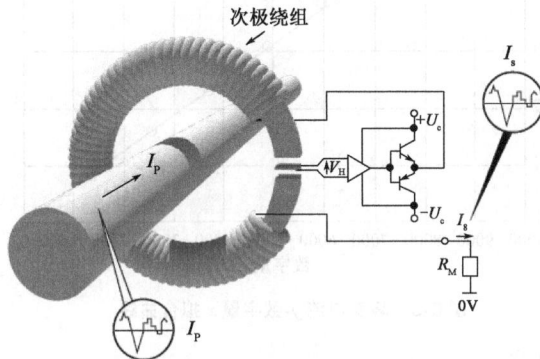

图 6-7　电流传感器工作原理

电流传感器数据标定　　　　　　　　　　　　表 6-3

PWM 占空比	数字量	实测电压(mV)	真实电流(A)
0.5	−50	3.52	0.0352
0.55	−330	21.5	0.215
0.6	−1375	87.8	0.818
0.65	−2550	162	1.62
0.7	−3650	234	2.34
0.75	−4900	308	3.08
0.8	−5950	382	3.82
0.85	−7120	453	4.53
0.9	−8200	523	5.23
0.95	−9250	593	5.93
0.99	−10000	648	6.48

　　将数字量与实际测得电流值在 MATLAB 中进行曲线线性拟合,保留斜率与截距 7 位小数,拟合曲线如图 6-8 所示。由图 6-8 可知,真实电流 y 与数字量 x 之间的关系式为

$$y = -0.0006232x + 0.0003561 \tag{6-1}$$

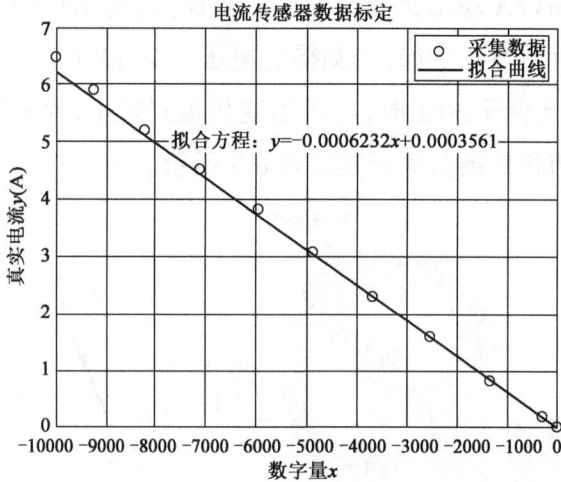

图6-8 真实电流 y-数字量 x 拟合曲线

（2）间隙传感器。

间隙传感器在悬浮控制系统中具有重要作用，其能够实时捕捉动子的位移变化，直接影响到系统悬浮控制的精度。为了确保系统的快速动态响应和高灵敏度，这类传感器采用了非接触式设计，进而确保了出色的温度稳定性和抗干扰能力，显著提高了悬浮系统的操作精准性与可靠性。在众多间隙传感器中，电阻式间隙传感器、光电编码器和激光间隙传感器等均有广泛应用。由于激光间隙传感器具备非接触式测量、高精度和稳定性好等优点，选用型号为 HG-C1100 的激光间隙传感器进行悬浮间隙的精确测量。该传感器具有 100mm 的测量中心距离，±35mm 的测量范围，以及高达 0.07mm 的测量精度，工作电压介于 12V 至 24V 之间，输出电流为 50mA，充分满足系统对间隙测量的需求。激光传感器测量原理如图6-9所示，半导体激光器发射的光束在被测物体表面形成一个光点，这个光点的散射光（包括反射光）通过汇聚透镜，在 CMOS 表面形成像点，若被测物体沿激光方向移动，则 CMOS 表面的像点亦随之移动。由此，可通过测量像点移动距离来确定被测面的位移。间隙传感器数据标定如表 6-4 所示。

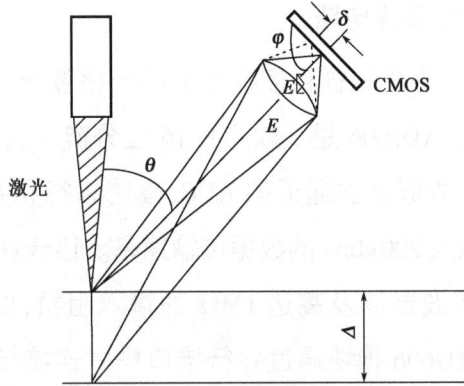

图 6-9　激光三角法测量原理示意图

间隙传感器数据标定　　　　　　　　　　　　　　表 6-4

数字量	实际距离（mm）
−17558	0
−6808	10

由于激光位移传感器数据采集是线性的,将输出数字量与实际测得距离在 MATLAB 中进行曲线拟合,拟合曲线如图 6-10 所示。

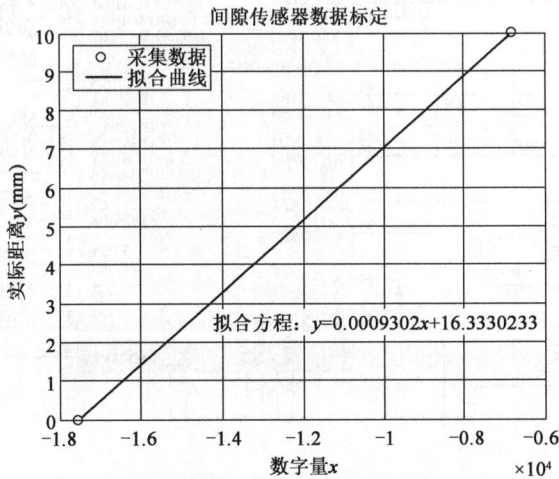

拟合方程: $y = 0.0009302x + 16.3330233$

图 6-10　数字量 x-间隙 y 拟合曲线

由图 6-10 可得，数字量 x 与间隙 y 之间的关系式为

$$y = 0.0009302x + 16.3330233 \qquad (6\text{-}2)$$

6. 外部 AD7606 采样电路

为了满足系统对于高采样精度和性能的严格要求，选择 AD7606 模块作为外部采样单元。AD7606 是一款具有 16 位分辨率的 8 通道同步采样模数转换（ADC）系统，内嵌逐次逼近型 ADC、高速串行和并行接口等丰富外设功能，能够达到最大 200kbps 的数据传输速率。该模块采用 5V 单电源供电，并集成了片内滤波器以及高达 1MΩ 的输入阻抗，以优化信号处理质量。在本系统中，AD7606 模块通过并行接口模式连接，设置了 ±10V 的输入量程，以适应广泛的信号输入需求。转换后的数据被直接存储至 DSP 芯片的外部存储器 ZONE6 中。AD7606 原理如图 6-11 所示。

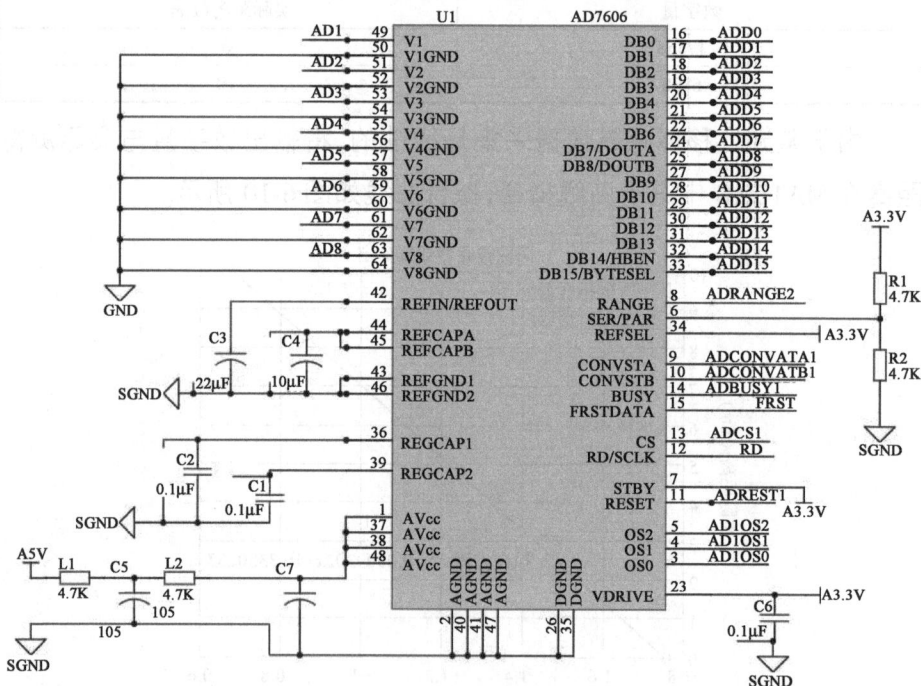

图 6-11　AD7606 原理示意图

根据数据手册可知,采用 ±10V 的输入电压范围,由于 AD7606 的数据线为 DB[0:15],ADC CODE 相当于有 16 位,其中最高位为符号位,因此实际可测值的范围为 0~32767,输出数字量与输入模拟量之间的关系为

$$\text{CODE} = \frac{\text{VIN}}{10\text{V}} \times 32768 \times \frac{\text{REF}}{2.5\text{V}} \tag{6-3}$$

其中,VIN 表示输入电压,CODE 表示输出数字量,REF 表示基准电压,按照原理图可知,此处 REF = 2.5V。

7. 信号调理电路

鉴于从传感器获得的模拟信号容易受到外部干扰的影响,在信号被送往 AD 模块进行数字化之前,进行信号处理尤为重要。为此,设计信号调理电路优化模拟信号质量,确保数据准确性和系统的稳定运行。二级信号调理电路如图 6-12 所示。

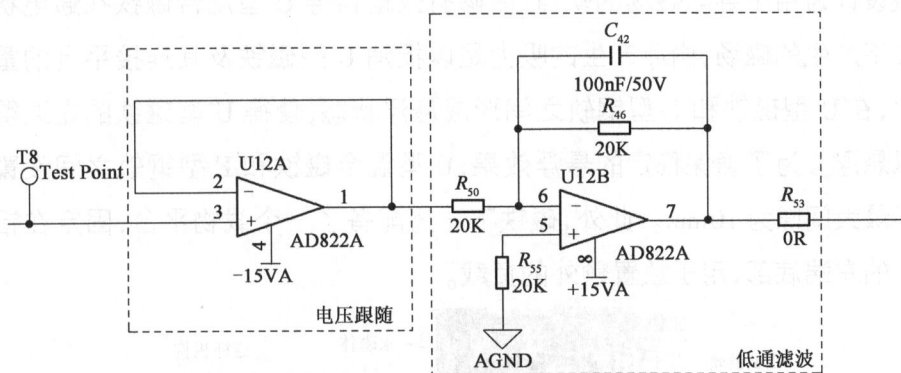

图 6-12 二级信号调理电路

如图 6-12 所示,信号调理电路主要是由两部分组成:电压跟随电路和低通滤波电路。电压跟随电路的设计旨在实现输入和输出之间的有效隔离,通常具有低输出阻抗和高输入阻抗的特性,可以确保输入信号不会对输出信号产生影响,从而避免干扰和失真。这种信号隔离的作用对于保证系统的稳定性和准确性至关重要。

低通滤波电路在信号调理中扮演着另外一个关键角色,其主要功能是滤除输入信号中的高频成分,只允许低频信号通过。通过这种方式,低通滤波电路可以有效地去除噪声、干扰以及其他不需要的高频信号,从而提高了信号的质量和准确性。这种滤波处理对于许多应用领域至关重要,特别是在需要对信号进行精确测量或者控制时。低通滤波电路的带通截止频率为

$$f_c = \frac{1}{2\pi R_{46} C_{42}} \tag{6-4}$$

图 6-13 展示了所构建的单点永磁电磁混合悬浮实验平台。在 F 型钢轨的悬浮架构中,U 型混合磁铁固定在铝轨的左侧,而铝轨则由左侧支架和右侧连杆机构支撑。当系统处于静止状态时,铝轨保持水平,而连杆机构的设计使得铝轨的左端能够在垂直方向上进行上下移动。F 型钢轨被设计为用于导向磁场的轨道,能够有效地传导 U 型混合磁铁在通电状态下产生的磁场,由此产生的吸力足以抵消 U 型磁铁及其连接平台的重力,在 U 型磁铁和 F 型钢轨之间形成悬浮状态,使得 U 型磁铁的左端得以悬浮。为了确保稳定的悬浮效果,U 型混合磁铁和 F 型钢轨之间设置了最大间隙为 10mm。此外,磁铁下方还配备了一个载物平台,固定在铝轨的左端底部,用于放置额外的负载。

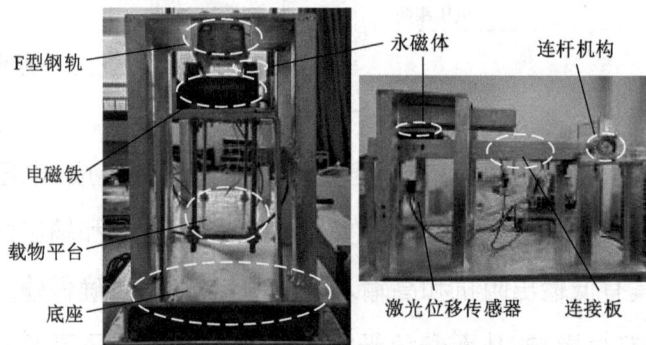

图 6-13　单点永磁电磁混合悬浮实验平台

6.1.2　永磁电磁混合悬浮系统控制算法设计与实现

1. PID 控制器结构

控制器的性能直接决定悬浮系统的稳定性。PID 控制技术自产生以来,解决了大量工程应用实际问题,其结构简单,各控制参数之间关联性不强;调试方便,通过对比例、积分和微分调节进行组合,而不需要获取被控对象的精确模型,就可以满足绝大部分系统的控制要求。PID 控制结构如图 6-14 所示。

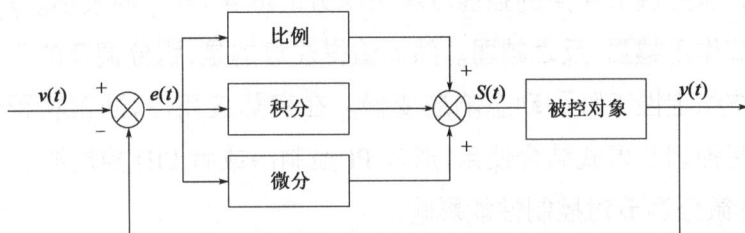

图 6-14　PID 控制结构框图

结合研究对象,采用 PID 控制器,以给定悬浮气隙信号为期望值 $v(t)$,悬浮系统中通过传感器检查的气隙信号为反馈值 $y(t)$,PID 控制律为

$$S(t) = K_p\Big[e(t) + \frac{1}{T_i}\int_0^t e(t)\,\mathrm{d}t + T_d\frac{\mathrm{d}e(t)}{\mathrm{d}t}\Big] \tag{6-5}$$

式中,$S(t)$ 为 PID 控制器的计算输出;$e(t)$ 为系统实际输出 $y(t)$ 与给定信号 $v(t)$ 的误差,$e(t) = v(t) - y(t)$;K_p、T_i、T_d 分别为比例增益、积分时间常数、微分时间常数。

(1)比例调节对控制性能影响。

引入比例增益 K_p 的目的是快速响应系统的偏差信号。一旦系统出现偏差,比例调节立即生效,推动系统朝着修正方向迅速调整,以减小偏差。增大比例增益 K_p 可以加快调节速度,但如果过大,可能会导致过度调节,产生明显的超调,从而降低系统的稳定性,极端情况下甚至可能导致系统失稳。

(2)积分调节对控制性能影响。

引入积分调节的主要目的是消除系统的稳态误差,以提高系统的稳定性,并确保对设定值的无静态误差跟踪。当系统处于闭环稳定状态时,系统的输出和误差保持常值 S_0 和 E_0。根据式(6-5),只有当动态误差 $e(t)=0$ 时,控制器的输出才为常数。因此,只要存在动态误差,积分调节就会生效,直至误差消除为止,积分作用便停止,此时积分调节输出为一个常数。积分调节作用的强弱取决于积分时间常数 T_i 的大小。T_i 越小,积分调节作用越强;反之越弱。然而值得注意的是,积分调节的引入可能导致系统稳定性下降和动态响应变慢。在实际应用中,通常将积分调节与其他两种调节模式结合使用,形成 PI 控制器或者 PID 控制器。

(3)微分调节对控制性能影响。

当引入微分调节时,主要目的是为了改善控制系统的响应速度和稳定性。微分调节能够对系统偏差的变化趋势进行反应,从而提前产生控制作用,有效地减少偏差。简言之,微分调节能够在偏差形成之前就开始对其进行调节,从而改善系统的动态性能。微分调节的强弱由微分时间常数 T_d 的大小决定,较大的 T_d 意味着更强的微分作用,合适的微分调节作用可以有效地减少系统的超调量和调节时间,提高系统的响应速度和稳定性。然而需要注意的是,微分调节类似于一个高通滤波器,对系统中的噪声干扰具有放大作用,因此在设计控制系统时,必须谨慎使用微分调节,以避免影响系统的抗干扰能力。此外,微分调节只对偏差的变化率敏感,当偏差保持不变时,微分调节的输出将为零。

2.参数整定方法

1942 年,齐格勒(Ziegler)和尼科尔斯(Nichols)提出了临界比例度法,该方法是一种基于实践经验的参数整定方法,广泛应用于工程实践中。这种方法不依赖于对象的数学模型参数,而是通过实验获取 PID 控制器的最优整定参数。该方法主要依据两个关键参数:临界增益 K_u 和临界振荡周期 T_u。在临界比例度法中,首先在闭环条件下将 PID 控制器的积分和微分调节去除,只保留比例调节。然后,通过在系统中引入一个扰动,观察系统响应的特性。如果系统响应是衰减的,则需要增大比例增益 K_p,反之,如果系统响应的振荡幅度不断增大,则需要减小 K_p。最终实验的目的是使闭环系统产生临界等幅周期振荡,此时的比例增益 K_p 被称为临界增益 K_u,而系统的振荡周期被称为临界振荡周期 T_u。根据实验获得的临界增益 K_u 和临界振荡周期 T_u,可以利用经验公式求出 P、PI 和 PID 这三种控制器的参数整定值。ZN 临界比例度法的参数整定经验公式如表 6-5 所示。

ZN 临界比例度法参数整定公式 表 6-5

PID 控制器参数	K_p	T_i	T_d
P 控制器	$0.5K_u$		
PI 控制器	$0.45K_u$	$0.83T_u$	
PID 控制器	$0.6K_u$	$0.5T_u$	$0.125T_u$

3. 算法实现步骤

由于采用数字控制系统,因此需对式(6-5)进行离散化,考虑采样周期为 T,可得

$$u(k) = K_p e(k) + K_i \sum_{j=1}^{k} e(k) + K_d \left[e(k) - e(k-1) \right] \qquad (6\text{-}6)$$

假设,实际应用中数字 PID 控制器包括两种,分别是位置式 PID 控制器和增量式 PID 控制器,其中位置式 PID 控制器的输出是每次根据误差重新计算的全部控制量,而增量式 PID 控制器输出是控制量的增量。两种算法实质相同,本书采用位置式 PID 控制器。对于位置式 PID,由于实际悬浮控制过程中存在积分项而引起误差的累加,因此,在算法实现过程中必须考虑积分饱和的问题。针对此问题所采取的解决方法是对误差的

累加值进行范围限制,以防止积分项在计算过程中出现结果溢出。算法实现步骤如图6-15所示。

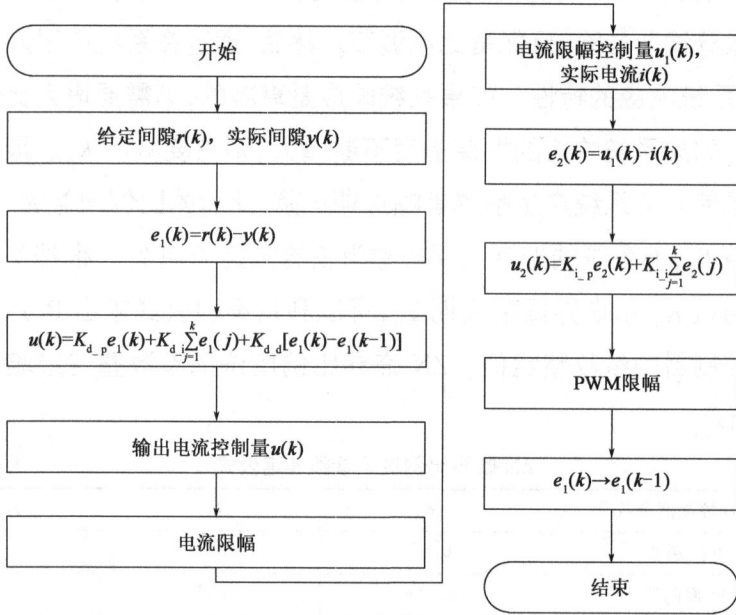

图 6-15　PID 控制算法实现

6.1.3　永磁电磁混合悬浮系统控制性能分析

在本书所设计的单点永磁电磁混合悬浮实验平台上进行实验,测试PID控制器的性能,进行三种不同工况的实验,即起浮-稳定悬浮实验、动态变间隙实验、突加减负载实验。控制器主要参数如表6-6所示。

控制器主要参数表　　　　　　　　　　表6-6

控制器	参数	数值
电流 PI 内环	比例参数 K_p	10000
	积分参数 K_i	20
位置 PID 外环	比例参数 K_p	2400
	积分参数 K_i	20/2700
	微分参数 K_d	45

在实验流程中,首先需断开位置控制环,进行电流控制环的调校。通过设定一个固定的电流目标值,调整比例-积分(PI)控制器参数,确保系统输出能迅速且准确地追踪电流设定值,从而保障电流响应的快速性及稳定性。随后,进行位置控制环的调节。

1. 起浮-稳定悬浮实验

为了评估控制系统的动静态性能,在单点永磁电磁混合悬浮实验平台上进行从起浮到稳定悬浮的实验。在实验设置中,设定混合磁铁与 F 型钢轨的初始间隙为 10mm,并在 0.5s 时施加指令将悬浮间隙调整至 5mm。使用上位机软件实时监控系统悬浮状态并绘制间隙、电流的动态曲线。间隙阶跃响应曲线[图 6-16a)]表明,在传统 PID 控制下,系统的调整时间为 140ms,稳态间隙波动在 0.221mm 内,稳态间隙误差为 0.0053mm,间隙响应不存在超调。电流阶跃响应曲线[图 6-16b)]显示,在电流阶跃起浮阶段,传统 PID 控制的峰值电流达到 5.074A,稳态电流波动为0.619A,稳态电流误差为 0.035A。实验结果显示,传统 PID 控制器在该永磁电磁混合悬浮系统中具有良好的控制性能,能够有效地实现起浮至稳定悬浮的过渡过程,并且保持系统在稳态下的稳定性。

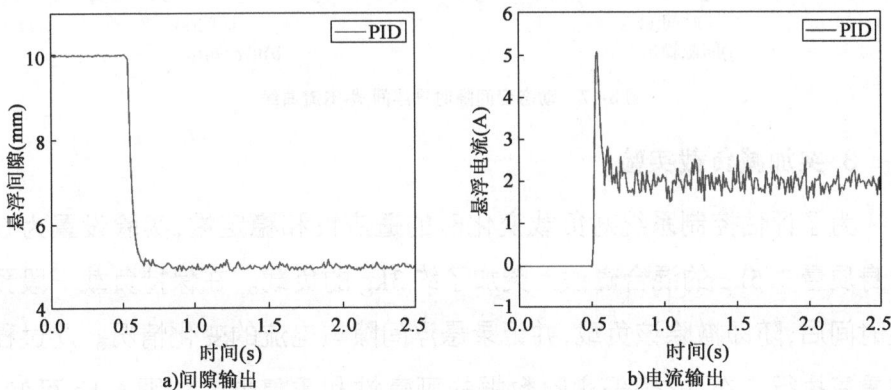

图 6-16 起浮-稳定时悬浮间隙-电流变化

2.动态变间隙实验

为了测试控制系统的间隙指令跟踪能力,通过调整间隙指令观察三种控制策略对间隙和电流曲线变化的影响,如图 6-17 所示。根据图 6-17a)的间隙跟踪曲线可知,当间隙指令从 5mm 减至 3mm,PID 控制下悬浮间隙曲线先是短暂剧烈波动后稳定,其稳态时的波动范围为0.14mm,误差为 0.003mm。图 6-17b)电流跟踪曲线显示,在 PID 控制下,悬浮间隙降至 3mm 时,电流经过短暂剧烈波动后稳定在约 0.3A,验证了永磁电磁混合悬浮系统在零功率悬浮条件下的有效性。在稳态下,PID 控制的电流波动范围为0.6A。实验结果显示,PID 控制策略在动态变间隙实验中表现出了良好的间隙跟踪能力和电流稳定性。

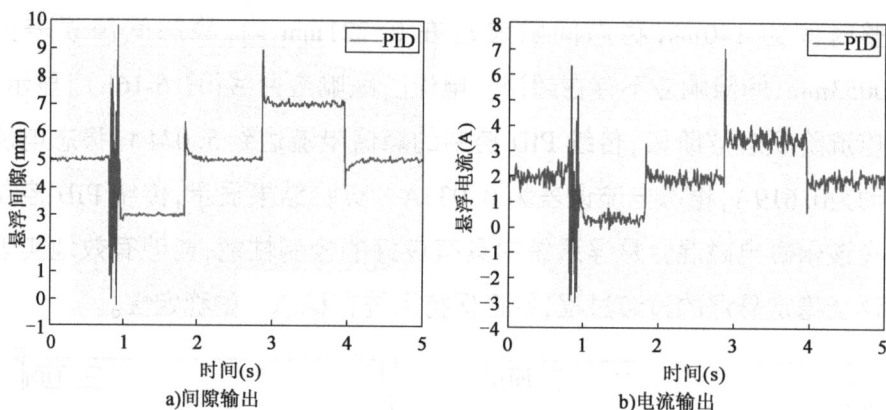

图 6-17　动态变间隙时悬浮间隙-电流曲线

3.突加减负载实验

为了评估控制系统对负载变化时的适应性和稳定性,实验设置为在自身质量 3.5kg 的混合磁铁上突加了约 3kg 的负载。在保持负载一段预定时间后,随即撤除该负载,并记录悬浮间隙与电流的变化情况。此过程被重复执行三次,以确保实验数据的可靠性和重复性。由图 6-18 可知,三次重复实验下,波形变化趋势一致,因此对其中一次进行分析。由

图 6-18a) 间隙曲线可知, 在 0.5s 时突加负载, PID 控制下间隙峰值为 6.059mm, 调节时间为 280ms 左右。在图 6-18b) 电流曲线中, 通过悬浮电流变化可以观察出, 当施加 3kg 负载时, 悬浮电流从 2A 左右增加到 4A 左右, 撤去负载后又恢复到 2A 左右。0.5s 突加负载时, PID 控制下峰值电流为 4.962A。实验结果表明, 当负载突然增加或撤销时, PID 控制器能够迅速响应并调整悬浮间隙和电流, 以维持系统稳定。虽然负载突变引起了一定程度的间隙和电流波动, 但 PID 控制器能够在较短的时间内将系统调整至稳定状态, 表现出良好的适应性和稳定性。

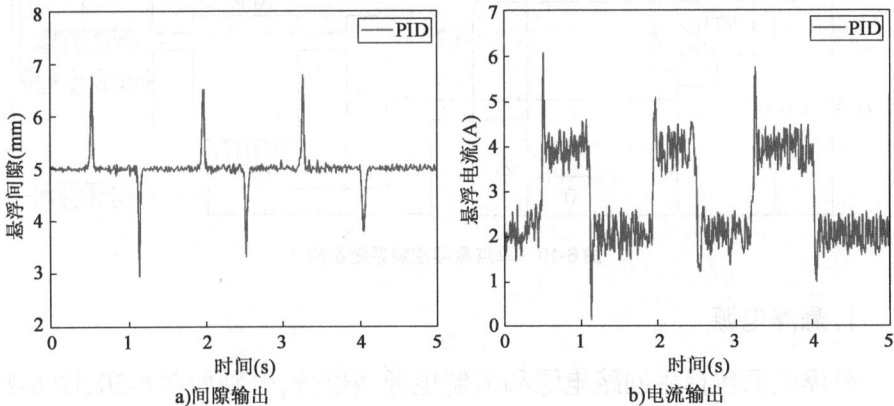

a) 间隙输出　　　　　　　b) 电流输出

图 6-18　负载扰动时悬浮间隙-电流曲线

6.2　全尺寸电磁悬浮系统实验分析

6.2.1　全尺寸电磁悬浮系统实验平台

单点悬浮控制系统主要由五部分组成: 悬浮控制器、悬浮传感器、悬浮斩波器、悬浮电磁铁、悬浮电源, 如图 6-19 所示。整个系统控制以 DSPTMS28335 为核心控制芯片, 反馈信号包括位置、绝对加速度、电磁铁电流信号。反馈信号经过信号调理电路处理后, 进入外部 AD7606 采集模块,通过 PID 控制算法,DSP 产生 PWM 信号,经驱动电路驱动悬浮斩波器。另外,利用通用输入输出引脚 GPIO 输入系统故障以及悬浮指令或输出相应保护信号对控制系统电路及悬浮电磁铁进行保护。

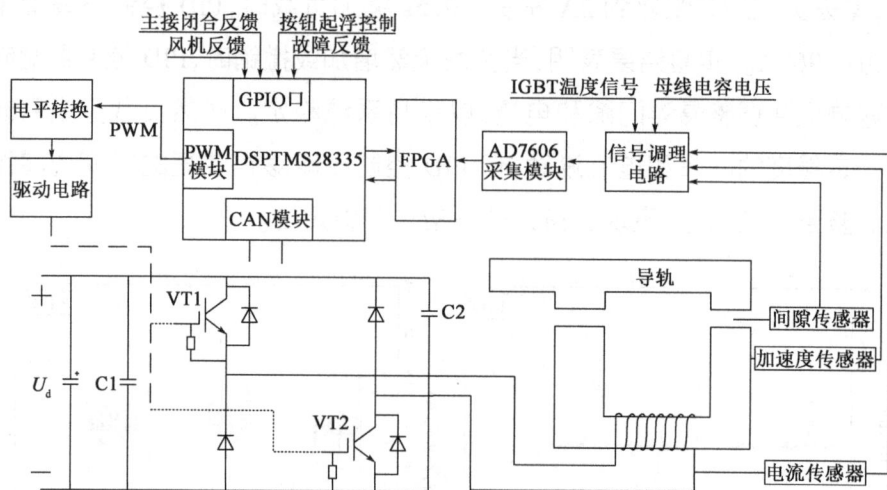

图 6-19　单点悬浮控制系统结构

1.悬浮电源

悬浮电源包括主回路电源和控制电源两部分,分别如图 6-20、图 6-21 所示。主回路 330V 电源给斩波器 IGBT 模块提供电源。控制 110V 电源经开关电源变换后给悬浮控制器、悬浮传感器、悬浮斩波器驱动回路提供电源。

主回路电源部分包括充电过程和放电过程。

充电过程:通过控制台接通 330V 电压,母线电容 E1 通过预充电电阻 R1 进行充电,当母线电容电压达到电源电压 330V 时,接触器 KM1 常开触点控制闭合,将预充电电阻 R1 短路。

放电过程:通过控制台断开 330V 电压,母线电容 E1 通过放电电阻 R2 进行放电,电容电压逐渐下降为 0。

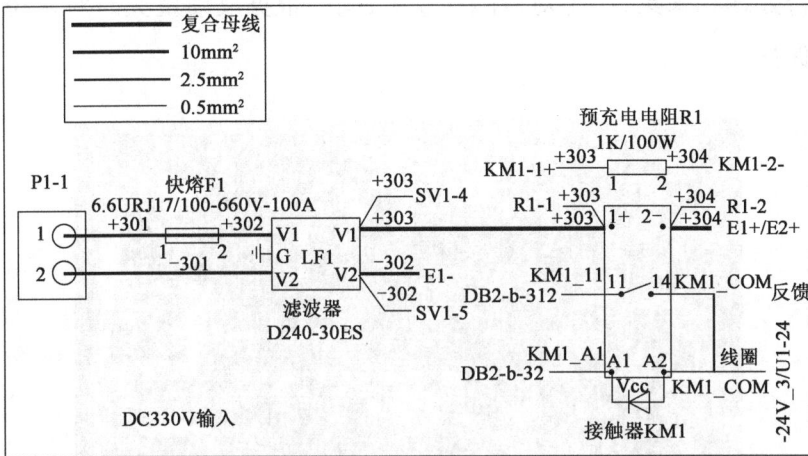

图 6-20　主回路电源

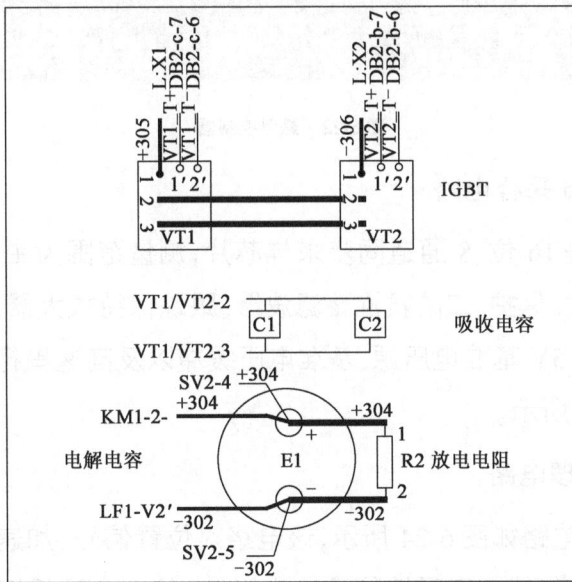

图 6-21　控制电源

2.悬浮控制器

如图 6-22 所示,悬浮控制器包括信号调理电路、采样电路、最小控制系统电路、动作输出电路、状态反馈电路,主要作用是对传感器的输入信号进行处理和采集,产生对应的控制量,同时根据反馈量实时对系统进行监测保护。

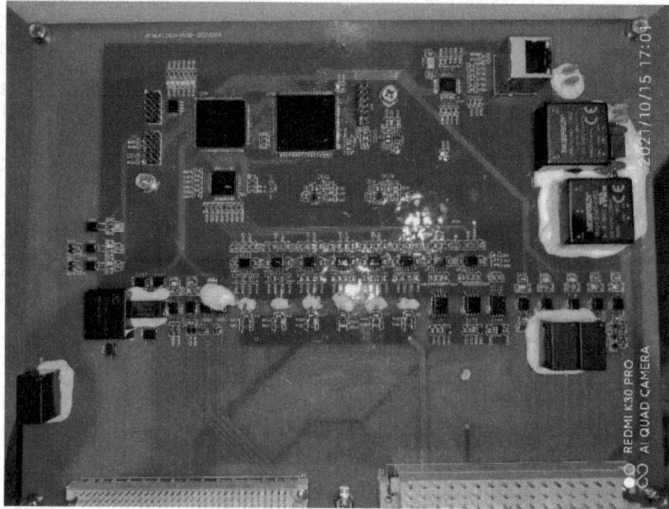

图 6-22　悬浮控制器

3. AD7606 采样电路

AD7606 是 16 位、8 通道同步采样芯片,测量范围为 ±10V/ ±5V,内置模拟输入钳位保护、二阶抗混叠滤波器、跟踪保持放大器、ADC、灵活的数字滤波器、2.5V 基准电压源、基准电压缓冲以及高速串行和并行接口,原理如图 6-23 所示。

4. 信号调理电路

信号调理电路如图 6-24 所示,该电路对位置信号、加速度信号、电源电压反馈信号、母线电压反馈信号、(电磁铁)输入电流反馈信号、输出电流反馈信号、IGBT 温度信号一系列信号进行滤波、放大变换处理,以实现抑制干扰、提高测量精度和保护采样电路(±10V 范围)的作用,其电路如图 6-24 所示。

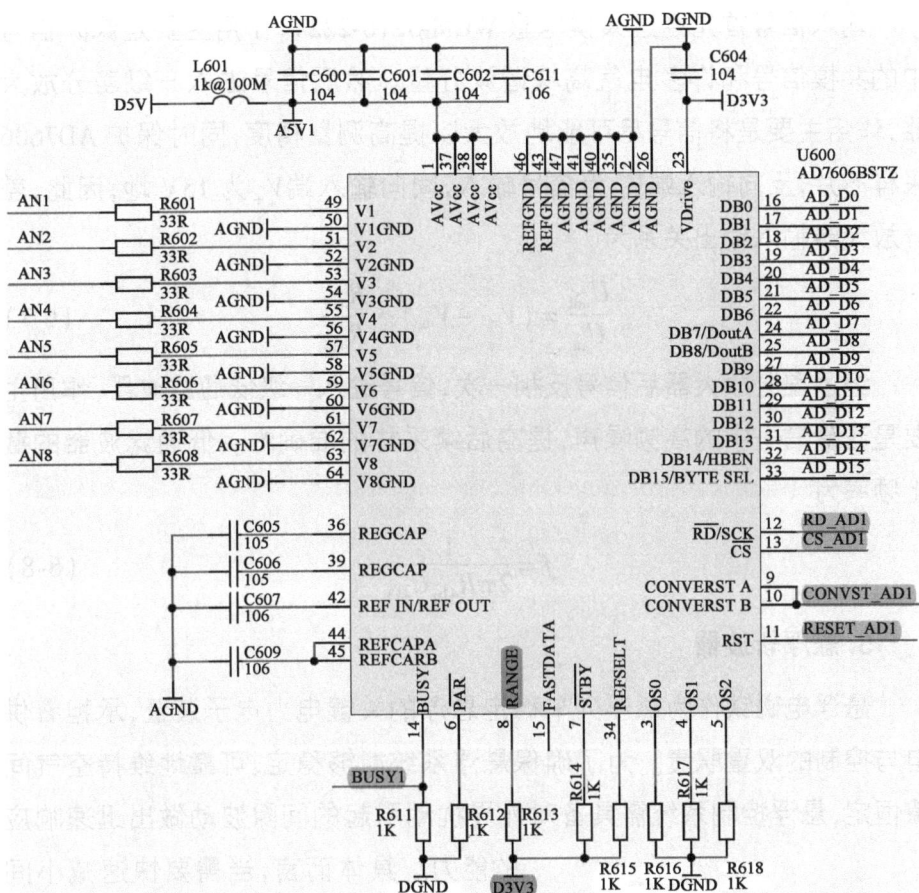

图 6-23　AD7606 采样电路

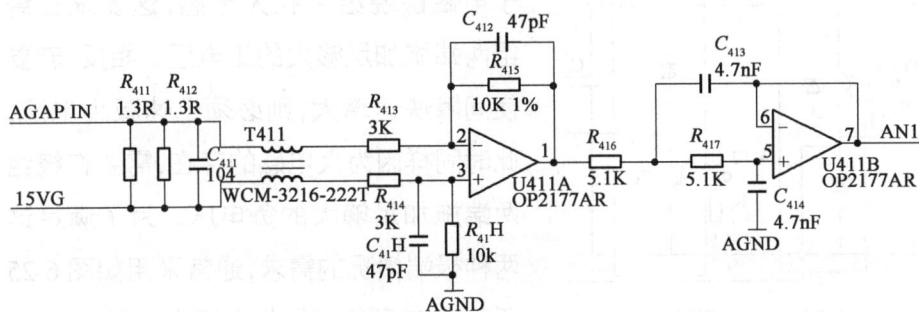

图 6-24　信号调理电路

输入信号首先经过共模电感 WCM-3216-222T,作用主要是滤除信号中的共模信号和许多电气高次谐波分量。然后信号进入一级差分放大器,作用主要是将信号尽可能地放大以提高测量精度,同时保护 AD7606 采样芯片,反向输入端 V_- 为信号输入,同向输入端 V_+ 为 15V 地,因此,差分放大器输入输出关系为

$$\frac{U_{\text{out}}}{U_{\text{in}}} = (V_+ - V_-) \cdot \frac{R_{415}}{R_{413}} \tag{6-7}$$

经过差分放大器后信号反相一次,信号进入一级低通滤波器,作用主要是滤除信号中的高频噪声,提高后续采样的准确性。低通滤波器的截止频率为

$$f = \frac{1}{2\pi R_{416} C_{413}} \tag{6-8}$$

5.悬浮斩波器

悬浮电磁铁作为磁浮列车稳定悬浮的关键电力电子装置,承担着供电与控制的双重职责。为了确保悬浮系统能够稳定、可靠地维持空气间隙恒定,悬浮控制系统需具备对外界扰动引起的间隙波动做出迅速响应的能力。具体而言,当需要快速减小间隙时,系统必须迅速增加电流;然而,由于电磁铁绕组存在大电感,这要求在绕组两端施加足够大的正电压。相反,若要使间隙快速增大,则必须迅速减小电流,此时同样因为大电感的存在,需要在绕组两端施加足够大的负电压。为了满足这两种极端情况的需求,通常采用如图 6-25 所示的 H 型斩波器作为解决方案。

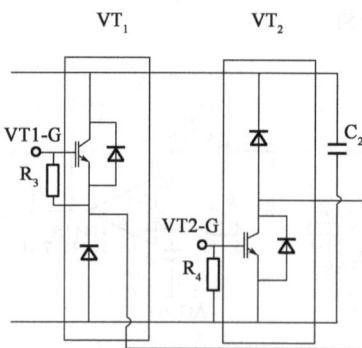

图 6-25 H 型斩波器

6.2.2　全尺寸电磁悬浮系统控制实验与分析

全尺寸电磁悬浮系统机械结构间耦合度高,模型结构复杂,因此选择使用 PID 控制器进行实验。结合前文设计如图 6-26 所示双闭环控制器,包括 PID 位置环及 PI 跟踪微分器。

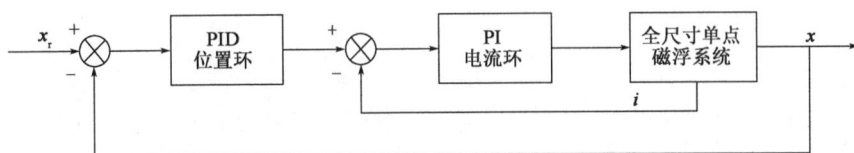

图 6-26　双闭环 PID 控制器结构

通过在 DSP 中编程实现上述控制器,并进行静态悬浮实物验证。实验目的是保证控制过程悬浮架能够达到缓起、缓落的效果,以保护悬浮架。实验过程中位置环 PID 参数 $K_p = 2$, $K_I = 0.001$, $K_D = 0.03$,电流环所选参数 $K_p = 1$, $K_I = 0.0012$。给定悬浮间隙为 9mm 时的实验结果如图 6-27 所示。

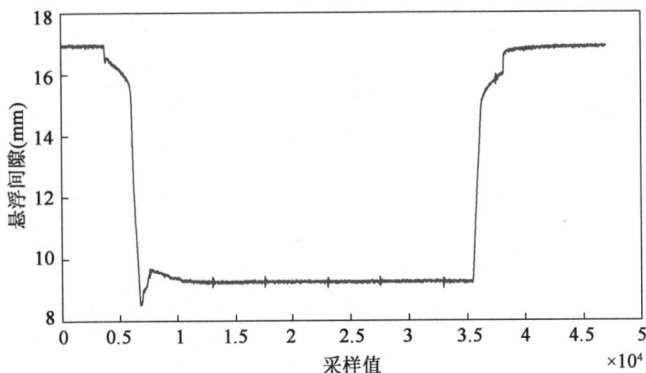

图 6-27　PID 控制器静态悬浮间隙曲线

由图 6-27 可知,系统实现了稳定悬浮,展现出快速且平稳的响应特性。得益于 PID 控制器中积分项的作用,悬浮间隙随着时间逐渐平稳趋向给定值,且稳态误差也随之减小,这表明系统具有较好的动态性能和稳态性能。然而,PID 控制器设计的难点在于控制参数的选取,这一过程往往充满挑战。因此,实际应用中常需融合其他先进算法,如模糊逻辑,形成诸如模糊 PID 这类以 PID 为基础但经过改进的控制策略,以优化控制效果并简化参数整定过程。

第 7 章　磁浮轨道交通技术的未来展望

7.1　常导磁浮技术的未来展望

常导磁浮,全称为常导电磁悬浮,是一种成熟的技术,通过对电磁场的实时调控实现物体的悬浮和操控。这种技术依赖于电磁铁或线圈产生的磁场与导体之间的相互作用,通过调节电流来控制磁场强度和方向,从而精确控制物体的运动。常导磁浮在磁浮列车、磁浮轴承以及精密测量仪器和高速电机等领域有着广泛的应用。与其他悬浮技术相比,常导磁浮因其灵活性、适应性和工业化应用前景而受到青睐。

随着人工智能和自动控制技术的发展,常导磁浮有望实现更先进的智能控制和更稳定的控制效果。其未来发展方向包括提升系统的安全性、稳定性和响应速度,以及拓展应用领域,如城市空中交通、物流运输系统和高精度加工装备等新兴领域,为这些领域带来创新解决方案。

在市场应用方面,尽管常导磁浮在高端应用领域表现出性能优势,但面向普及化和大规模应用仍须克服成本和技术成熟度的挑战。此外,虽然常导磁浮列车没有直接的碳排放,但其能耗较大,直线电机的牵引效率也不高,总体能源利用率和环境友好性有待提高。未来的研究和应用可以探索与永磁悬浮或超导磁浮技术的结合,以形成优势互补,促进可持续发展。

综上所述,随着科学技术的进步和市场需求的增长,常导磁浮技术以其独特的技术优势和良好的成熟性,有望在未来的技术创新和应用拓展中发挥重要作用,为人类科技水平发展和文明进步注入新的活力。

7.2　超导磁浮技术的未来展望

超导磁浮技术,作为现代科技的杰出代表,通过利用超导材料的抗磁性实现物体的无接触悬浮,并结合直线电机提供非接触式牵引驱动。这项技术集成了超导材料、传感检测和牵引驱动控制等先进技术,展现出卓越的稳定性和较大的悬浮间隙。特别是高温超导钉扎悬浮技术,其横向自稳定能力使其有望成为轨道交通的未来发展方向之一。

超导磁浮技术的发展潜力在很大程度上依赖于超导材料的研发。目前,全球科研界正致力于新型高温超导体材料的研究,以提高临界温度和电流承载能力,降低制冷成本,从而拓展应用领域。

超导磁浮技术不仅体现了现代科技的发展进步,更将对人类社会的未来产生深远影响。其在高速/超高速交通运输和精密装备领域的应用,为人类描绘了一幅充满希望的美丽蓝图。随着技术水平的不断提升和应用领域的逐步扩大,超导磁浮技术将在不远的将来为社会带来更多便利和应用。

7.3　永磁悬浮技术的未来展望

永磁悬浮技术,作为超导悬浮技术的简化版和过渡方案,无须低温环境和切割磁力线即可实现物体悬浮。其凭借强大的承载能力和简单的结构,展现出显著的技术优势、鲜明的特征和广泛的应用潜力。与传统常导磁浮技术和昂贵的超导磁浮技术相比,永磁悬浮技术利用永磁材料的固有特性,实现了垂直方向的零功率悬浮,因此具备结构简单、浮重比大、可应用领域广泛、环境适应能力强、绿色环保及维护成本低等显著优势。

然而,永磁悬浮技术仍面临一些亟待解决的技术问题。首先是导向问题——永磁悬浮系统本质上属于正反馈不稳定系统,当横向偏离中线时,侧向力会随横向偏移量的增加而增大,且悬浮力相应降低,甚至导致悬浮失败。因此,需要采取及时导向措施限制横向偏移量。目前,最简单的导向方式是采用机械结构进行横向限位和导向,将侧向力控制在一定的范围内。未来需深入研究侧向居中导向、前馈补偿导向和非接触式导向等主动导向控制技术。其次是悬浮阻尼低的问题,如果不采取其他技术措施进行抑制,易出现振荡现象。最常用的抑制方法是利用导向机构的摩擦力增加垂直阻尼,未来,随着非接触式导向技术的应用,需要进一步研究电磁调控等主动阻尼调控技术。

永磁悬浮技术未来的发展方向包括:突破可控性、改善悬浮稳定性和提高导向效率,特别是在高速运行和重载工业等复杂、高要求的应用场景;适应市场普及和大规模应用的需求,从材料成本、加工工艺和边际效益等方面进行技术改进和成本效益提升;与其他磁浮技术融合发展,面向仪器仪表和消费电子市场开发混合磁浮产品,如悬浮文创摆件、音响、灯具、精密仪器、隔振平台和轴承等。此外,永磁悬浮技术还可在教育、展览和科研领域发挥更大作用。总之,永磁悬浮技术在不消耗永磁材料的前提下,通过材料固有的物理属性有效降低摩擦力和噪声,展现了巨大的发展潜力。我国作为稀土资源和永磁材料大国,具有发展永磁悬浮产业的资源优势,未来需要在基础理论、关键技术和产品创新等方面持续努力、久久为功,推动磁浮技术为中华民族乃至全人类提供更加优质的服务,有效支撑"双碳""科技强国""交通强国"等国家战略。

参 考 文 献

[1] 李迎春,聂傲男,杨明宣,等.主动磁悬浮轴承系统保护轴承热特性研究及减摩设计[J].中国机械工程,2024,35(4):646-655.

[2] 杨文将,刘宇,温正,等.可用于航天助推发射的高温超导磁悬浮技术[J].宇航学报,2007,28(3):522-526,550.

[3] 钱漾漾.磁悬浮变频离心式冷水机组可应用性研究[D].北京:清华大学,2017.

[4] 高素美,鞠全勇,牟福元.磁悬浮电梯设计与控制[J].微特电机,2014,42(11):48-50.

[5] 钱坤喜,曾培,茹伟民,等.无源磁浮人工心脏泵的改进型设计[J].生物医学工程学杂志,2002,19(4):593-595.

[6] 黄漪帅,梁志宏,张峰,等.磁悬浮储能飞轮状态监测系统[J].仪表技术与传感器,2023(1):70-77.

[7] GWYN,DAVID. The railway revolution:a study of the early railways of the Great Northern Coalfield[J]. Industrial Archaeology Review,2020,42(2):171-172.

[8] 邓自刚,刘宗鑫,李海涛,等.磁悬浮列车发展现状与展望[J].西南交通大学学报,2022,57(3):455-474,530.

[9] LEE H W,KIM K C,LEE J. Review of maglev train technologies[J]. IEEE Transactions on Magnetics,2006,42(7):1917-1925.

[10] 罗炜宁,王强.磁悬浮列车未来发展与展望[J].硅谷,2013,6(5):2-11.

[11] Lee H W,Kim K C,Lee J. Review of maglev train technologies[J]. IEEE Transactions on magnetics,2006,42(7):1917-1925.

[12] 张源,胡新宁,崔春艳,等. 超导转子磁悬浮结构磁耦合特性及承载能力分析[J]. 物理学报,2023,72(12):286-295.

[13] JEONG-WOO LEE, KWANGSEOK OH. New Decentralized Actuator System Design and Control for Cost-Effective Active Suspension[J]. IEEE Access,2022(10):113214-113233.

[14] LUERKEN RF. Transrapid (the first high-speed Maglev train system certified ready for application):Development status and prospects for deployment[C]. Langley Research Center,Second International Symposium on Magnetic Suspension Technology,1994.

[15] 杨杰,秦耀,汪永壮,等. 永磁电磁混合型磁浮球的改进滑模控制方法[J]. 湖南大学学报(自然科学版),2023,50(4):200-209.

[16] ROLAND K,JOHANNES K,RYSZARD P,et al. Electromagnetic fields related to high speed transportation systems [J]. Инновационные транспортные системы и технологии,2018,4(2):152-166.

[17] KIM C. Robust air-gap control of superconducting-hybrid MagLev intelligent conveyor system in smart factory[J]. IEEE Transactions on Magnetics,2019,55(6):1-5.

[18] PUGH CE,WHITMAN GD. HSST crack-arrest studies overview[J]. Nuclear engineering and design,1987,98(2):141-147.

[19] SUZUKI S,KAWASHIMA M,HOSODA Y,TANIDA T. HSST-03 system[J]. IEEE Transactions on Magnetics,1984,20(5):1675-1677.

[20] WYCZALEK FA,OHISHI A. HSST magnetic levitation trains:past, present and future[J]. SAE transactions,1990(1):1049-1054.

[21] YOKOI T,EBIHARA D. High-speed and high-thrust linear induction motor designedby using eigenvalue analysis method[J]. IEEE transactions on magnetics,1992,28(5):3327-3329.

［22］ÖZALP M. Study of the Effect of Alfa-x to the Urea Formaldehyde Adhesive on Plywood［J］. Politeknik Dergisi,2022,25(2):513-518.

［23］FRASZCZYK A,MAGALHAES DA SILVA J,GW ÓZD Ż A,et al. Metro as an example of an urban rail system［J］. Four case studies from Europe:Transport Problems,2014(9):101-108.

［24］GITEAU F,FRANCESCHI E. Dying alone,a veritable project［J］. Revue de l'infirmiere,2010(163):33-34.

［25］TAKIZAWA H,TAKAMI H,YOSHIOKA H,et al. Characteristics of vehicle dynamics of MLX01 for two trains passing each other and for a five-car train set［J］. Quarterly Report of RTRI,2000,41(2):68-73.

［26］MINDUR L,ZAMIAR Z,MINDUR M. High-speed trains in Japan in the years 2002-2020［J］. Combustion Engines,2024,199(4):88.

［27］UENO N. Opening of SCMAGLEV and Railway Park［J］. Japan Railway & Transport Review,2011(58):12-17.

［28］SAWADA K. Outlook of the superconducting maglev［J］. Proceedings of the IEEE,2009,97(11):1881-1885.

［29］STEPHAN RM,PEREIRA JR AO. The vital contribution of maglev vehiclesfor the mobility in smart cities［J］. Electronics,2020,9(6):978.

［30］SIU LK,CHAN D,KATO J,et al. Failure Mode and Endurance Tests of the CHSST 100L System［A］//InMAGLEV2002 The 17th International Conference on Magnetically LevitatedSystem and Linear Drives［C］. 1935:1101-1104.

［31］王家素,王素玉. 高温超导磁悬浮列车研究综述［J］.电气工程学报,2015,10(11):1-10.

［32］马卫华,罗世辉,张敏,等. 中低速磁浮车辆研究综述［J］.交通运输工程学报, 2021,21(1):199-216.

［33］ ZHANG J,WANG Y,HAN S,et al. Influence of hood length on pressure wave characteristics inducedby 600 km/h maglev train passing through tunnel［J］. Journal of Central South University（Science and Technology）,2022,53(5):1668-1678.

［34］ 刘晓宁,柯志昊,邓自刚. 高温超导磁悬浮准静态的力弛豫特性［J］. 西南交通大学学报,2023,58(4):845-852.

［35］ 邓自刚,李海涛. 高温超导磁悬浮车研究进展［J］. 中国材料进展,2017,36(5):329-334.

［36］ 蒋家文,张琦. 超导磁悬浮列车及超导技术的运用［J］. 智能城市,2021,7(18):136-137.

［37］ "红轨"来了！世界首条永磁磁浮空轨工程试验线竣工［J］. 中国工程咨询,2022(9):109.

［38］ 刘德生,尹力明,佘龙华. 基于DSP的磁悬浮球控制系统的建模与系统设计［J］. 电子工程师,2001,27(11):58-60.

［39］ 靖永志,冯伟,王森,等. 基于自适应非奇异终端滑模的悬浮控制策略［J］. 西南交通大学学报,2022,57(3):566-573.

［40］ 钟志贤,蔡忠侯,祁雁英. 单自由度磁悬浮系统无模型自适应控制的研究［J］. 西南交通大学学报,2022,57(3):549-557,581.

［41］ 彭月,苏芷玄,杨杰,等. 基于PSO-BP-PID单点混合悬浮球控制算法研究［J］. 铁道科学与工程学报,2022,19(6):1511-1520.

［42］ 翟明达,张博,李晓龙,等.基于模糊PID控制的准零刚度磁悬浮隔振平台的设计与实现［J］. 西南交通大学学报,2023,58(4):886-895.

［43］ 江浩,连级三. 单磁铁悬浮系统的动态模型与控制［J］. 西南交通大学学报,1992(1):59-67.

［44］ 胡汉辉,谭青.磁悬浮平台的解耦模糊PID控制［J］. 中南大学学报

(自然科学版),2009,40(4):963-968.

[45] 张和洪,张文进,翟超,等.基于神经网络跟踪微分器的磁浮列车悬浮反馈控制方法:202310880030[P].2024-10-09.

[46] 王蕾,宋文忠.PID控制[J].自动化仪表,2004,25(4):1-6.

[47] 陈琛,徐俊起,倪菲,等.基于人工智能负载估计系统的磁浮列车垂向振动主动控制[J].同济大学学报(自然科学版),2020,48(9):1344-1352.

[48] 孙友刚,徐俊起,贺祯宇,等.基于误差交叉耦合的多电磁铁悬浮系统滑模协同控制[J].西南交通大学学报,2022,57(3):558-565.

[49] 韩京清.从PID技术到"自抗扰控制"技术[J].控制工程,2002,9(3):13-18.

[50] 冯茜,李擎,全威,等.多目标粒子群优化算法研究综述[J].工程科学学报,2021,43(6):745-753.

[51] 杨汉桥,林晓辉.遗传算法与模拟退火法寻优能力综述[J].机械制造与自动化,2010,39(2):73-75.

[52] 李云钢,常文森.磁浮列车悬浮系统的串级控制[J].自动化学报,1999,25(2):247-251.